Knaur.

Über den Autor:
Stefan Scheiblecker, geboren 1986 in Lilienfeld in Niederösterreich, startete 2007 seine Kabarettlaufbahn und hat seither mehrere Soloprogramme entwickelt. Seinen Lebensunterhalt verdient er sich als Schalterbediensteter am Wiener Westbahnhof. Scheiblecker ist Vater eines Sohnes.

Stefan Scheiblecker

Elf Zentimeter

Ein Mann packt aus

Knaur Taschenbuch Verlag

Besuchen Sie uns im Internet:
www.knaur.de

FSC
www.fsc.org
MIX
Papier aus verantwortungsvollen Quellen
FSC® C083411

Vollständige Taschenbuchausgabe Juli 2012
Knaur Taschenbuch
Ein Unternehmen der Droemerschen Verlagsanstalt
Th. Knaur Nachf. GmbH & Co. KG, München

Redaktion: Katharina Krones
Umschlaggestaltung: Rainer Erich Scheichelbauer
Umschlagabbildung: FinePic®, München
Satz: Adobe InDesign im Verlag
Druck und Bindung: CPI – Clausen & Bosse, Leck
Printed in Germany
ISBN 978-3-426-78528-7

2 4 5 3 1

Elf Zentimeter

1

Im Juni machte ich mit meinem Vater und meinem besten Freund Jakob einen Motorradausflug ins Gebirge. Am frühen Morgen, gleich nachdem uns meine Mutter ein ausgiebiges Frühstück zubereitet hatte, brachen wir auf. Wir fuhren den Halbach entlang und folgten später der von dichtem niederösterreichischem Wald und schroffen Felsen gesäumten Höllental-Bundesstraße. Das gleichmäßige Rauschen der Schwarza untermalte den Gesang unserer Maschinen.

Jakob fuhr an der Spitze. Auf einer Geraden drosselte er das Tempo, sodass ich ihn einholen konnte und wir kurz Kopf an Kopf fuhren. Im nächsten Moment winkte er, drehte den Gasgriff auf Anschlag und verschwand hinter der nächsten Kurve. Ich lächelte in meinen Helm und nahm die Verfolgung auf. Es war ein herrliches Gefühl, über den Asphalt zu schweben, in den Kurven zu liegen, eins zu sein mit der Straße und zu jedem Zeitpunkt zu wissen, dass meine Yamaha immer noch mehr hergeben würde. Hinter mir folgte mein Vater auf seinem schweren Chopper.

Dann ein Krachen hinter der nächsten Kurve. Ich bremste, aber es war zu spät. Ein roter Kombi hatte Jakob die Vorfahrt genommen. Als er in mein Sichtfeld kam, flogen gerade die Karosserieteile durch die Luft. Jakob war gegen die Fahrertür des Wagens geprallt.

Ich durfte ihn auf keinen Fall überfahren. Ich bremste möglichst vorsichtig, um die Kontrolle über die Maschine nicht zu verlieren. Sie entglitt mir trotzdem, und ich sah, wie ich mit dem Vorderrad um Haaresbreite am Kopf meines am Boden liegenden Freundes vorbeischrammte. Im nächsten Moment prallte ich gegen sein Motorrad, wurde in die Luft geschleudert und sah durch das Visier lange Zeit nichts als den blauen Himmel. Ich betete, dass Jakob noch am Leben war und dass mein Vater rechtzeitig bremsen oder ausweichen würde können, und versuchte, mich im Flug so auszurichten, dass ich beim Aufschlag am Asphalt möglichst unbeschadet bleiben würde. Dafür blieb mir erstaunlich viel Zeit. Ich sah noch Sabines Gesicht vor meinen Augen aufleuchten, dann nichts mehr.

Für ein paar Augenblicke kam ich im Krankenwagen und in der CT-Röhre des Krankenhauses zu Bewusstsein. Endgültig wachte ich erst auf, als mir eine blond gelockte Krankenschwester mit der Taschenlampe in die Augen leuchtete. Ich lag in einem Bett am Gang und mir war so gut wie nichts passiert. Ich hatte bloß eine Gehirnerschütterung erlitten und mein linker Arm war gebrochen. Zwei oder drei Tage sollte ich zur Beobachtung bleiben.

Meinem Vater war glücklicherweise nichts passiert. Als ich zu mir kam, trank er gerade mit meiner Mutter in der Kantine Kaffee. Jakob hatte es schlimmer erwischt. Sein rechtes Bein war zertrümmert und dazu kamen noch zwei gebrochene Rippen. Seine Wirbelsäule war aber in Ordnung. Er hatte keine bleibenden Schäden davongetragen.

Ein Krankenpfleger schob mein Bett in das Zimmer, in dem auch Jakob lag. Wir waren recht gut gelaunt, weil wir den Unfall überlebt hatten. Gegenseitig erzählten wir uns, was das für ein Gefühl gewesen war.

»Voll geil«, meinte Jakob.

Nach dem Abendessen ging ich auf der Station spazieren. Ich war nicht zum ersten Mal im Landesklinikum Lilienfeld.

Sieben Jahre zuvor hatte ich ihm schon einmal einen unfreiwilligen Besuch abgestattet. Der Aspekt des Heldenhaften fehlte damals allerdings gänzlich. Im Gegenteil. Ich sorgte beim Nachtdienst zu meiner unendlichen Schmach für einige Belustigung.

Damals, mit siebzehn, hatte ich von einer in Indien und in arabischen Ländern gebräuchlichen Methode der Penisverlängerung gelesen, der sogenannten »Jelq-Massage«. »Jelq« bedeutet auf Arabisch so viel wie »melken«. Dem Artikel zufolge betreiben in diesen Ländern junge Männer ab ihrer Pubertät bis zu ihrer Hochzeit diese Art der Massage. Dabei massieren sie ihr Glied mit Daumen und Zeigefinger, so ähnlich wie man eine Kuh melkt. Sie setzen zwei Finger an der Wurzel an und gleiten damit bis knapp unter die Eichel. Dort angekommen wiederholen sie das Ganze mit der anderen Hand und so weiter.

Ich entwickelte die Jelq-Massage gleich zu einer Kombinationsmassage aus »Melken«, »Abwürgen« und »Massieren« weiter, weil ich damit schneller Erfolg zu haben hoffte. Dabei unterliefen mir einige böse Fehler. Erstens darf die Jelq-Massage nur im schlaffen Zustand des Penis durchgeführt werden und zweitens darf er dabei nicht mit Ringen oder Bändchen abgebunden werden. Das kann, wie ich zu spät herausfand, unter anderem zu Gefäßschäden, blauen Flecken und zu einer Verengung der Harnwege führen.

Zunächst zog ich einen Metallring – eigentlich ein Kugellager – über. Damit onanierte ich ein wenig, während ich in einem Pornomagazin blätterte. Als meine Erektion stärker wurde, wechselte ich zur Melk-Massage. Dass sich mein Penis nach wenigen Minuten bläulich verfärbte, hielt ich für eine verschmerzbare Nebenwirkung.

Erst als es höllisch wehtat, wollte ich den Ring wieder abnehmen. Bloß ging das nicht mehr.

Nur die Ruhe, dachte ich. Ich versuchte zu ejakulieren, um die Erektion loszuwerden. Keine Chance. Die Schwellkörper pressten offenbar die Harnröhre zu.

Ich lief ins Bad und kühlte mich mit eiskaltem Wasser. Nichts zu machen. Rasch überzeugte ich mich davon, dass meine Eltern und meine Großmutter schon schliefen, kleidete mich hastig an, rannte hinaus und schwang mich aufs Moped. Unterwegs wurde der Schmerz immer schlimmer. Die Vibrationen im Sattel waren in meinem Zustand unerträglich.

Im Krankenhaus krümmte ich mich unter Schmerzen mehr als eine Stunde lang im Warteraum, ehe sich der diensthabende Arzt mit einem Kaffeebecher in der Hand meiner annahm.

Er fragte mich laut, was ich für ein Problem hätte. Ich flüsterte beschämt, dass dieses Problem mit meinem Geschlechtsteil zu tun habe. Im Ambulanzzimmer ging er die Sache dann mit angenehmer Professionalität und einem Gummihandschuh an.

»Mit Gleitgel bekommen wir das jedenfalls nicht herunter«, sagte er, nachdem er mein bestes Stück leicht mit dem Zeigefinger angestupst hatte.

Ich musste mich rücklings auf einen Tisch legen. Eine Schwester spazierte herein und grüßte freundlich.

Der Arzt machte sich mit einer Oszillationssäge ans Werk. Das ist eine Säge, deren Blatt sich so schnell bewegt, dass es zwar harte Gegenstände durchsägt, weiches Gewebe aber unversehrt lässt, weil es mit den schnellen Bewegungen einfach mitschwingt. Wenn einem ein dicker Eisenring den Schwanz abklemmt, lernt man solche technischen Errungenschaften wirklich zu schätzen.

Der Arzt lobte mich dafür, dass ich unverzüglich ins Krankenhaus gekommen war. Andererseits schalt er mich, weil ich einen so breiten Ring verwendet hatte und nicht zumindest den von einem Schlüsselbund. Er wies mich darauf hin, dass ich in jedem Sex-Shop einen Penisring aus Gummi kaufen könne.

Die Prozedur dauerte mehr als eine Stunde. Während der Arzt sägte, fragte er mich, was ich eigentlich vorgehabt habe. Ich zierte mich zuerst. Erst als er über einfache und ungefährliche Arten der Masturbation zu reden begann und sich anschickte, mir seine eigenen Praktiken zu schildern, erklärte ich ihm mein eigentliches Motiv.

»Du findest ihn also zu klein?«, fragte er.

Ich nickte.

»Glaubst du denn, andere Männer sind besser bestückt?«

»Ja.«

»Aha.«

»Ich sehe das doch immer nach dem Sport beim Duschen«, sagte ich.

Die Krankenschwester gab ein Geräusch von sich. Ich hatte ihre Anwesenheit verdrängt.

»Das ist nicht zum Lachen, liebe Marianna«, sagte der Arzt.

Ich wurde rot. Die Schwester war hübsch und kaum älter als ich. Vielleicht war sie aus der Gegend.

»Weißt du, wie tief eine durchschnittliche Vagina ist?«, fragte er.

»Nein«, sagte ich.

»Wissen Sie es, Marianna?«

Das Geräusch, das die Schwester von sich gab, klang jetzt auch für mich eindeutig nach Kichern. Ich vermutete, dass sie ihrerseits rot geworden war.

»Nicht lachen«, sagte der Arzt zu ihr. »Es sind zehn bis zwölf Zentimeter. Und die empfindsame Zone ist ohnehin eher außen. Sie reicht nur etwa sieben Zentimeter hinein.« Seine blauen Augen wirkten kühl und freundlich.

Ich seufzte.

»Hast du ihn schon einmal abgemessen?«, fragte er.

Ich schwieg.

»Ah, jetzt wären wir auf der einen Seite durch«, sagte der Arzt und gab der Schwester Anweisungen. Er musste auf der anderen Seite des massiven Rings weitermachen, um ihn abzubekommen.

»Gleich haben wir es«, sagte er. »Na? Wie viele Zentimeter hat er?«

»Wer?«, stotterte ich.

»Du weißt schon.«

»Zwölf«, sagte ich.

Das war gelogen. Meine letzte Messung hatte nur knapp elf Zentimeter ergeben, und schon das war eine Frage der Perspektive gewesen.

»Na bitte«, sagte der Arzt. »Dann ist doch nichts verloren. Zu große Penisse sind sogar oft von Nachteil, hast du das gewusst? Das tut den meisten Frauen weh, weil er dann am Gebärmuttermund anstößt. Außerdem kommt es doch ohnehin mehr auf die Dicke an. Was meinen Sie, Marianna?«

»Herr Doktor!«

Wieder war ein Kichern dabei. Ich malte mir aus, wie der Nachtdienst im Landesklinikum so aussah. Vielleicht war sie auch wirklich verlegen. Mir tat die Ablenkung jedenfalls gut.

»So, das wäre geschafft.«

Als der Ring weg war, floss mein Sperma ab. Ich schämte mich in Grund und Boden. Der Arzt reichte mir ein Tuch, das

Marianna sofort bereitgelegt hatte. Es sah aus, als hätten die beiden schon damit gerechnet. Als sich die Farbe meines Schwanzes wieder halbwegs normalisiert hatte, bedankte ich mich.

»Falls Sie psychologische Betreuung benötigen, kann ich Ihnen einen Kollegen im Krankenhaus Sankt Pölten empfehlen«, sagte der Arzt.

Auf einmal war er wieder per Sie mit mir.

Ich verschwendete natürlich keinen Gedanken an psychologische Betreuung. Ich suchte mir lieber eine gute Ausrede, falls zu Hause schon jemand auf den Beinen sein sollte. Also fuhr ich zu einer Tankstelle und kaufte ein paar Dosen Bier.

»Hallo, Papa«, grüßte ich, als ich heimkam.

Er saß schon in der Küche.

»Wo kommst du denn her?«

»Ich wollte mir nur für heute Abend ein paar Bier holen«, sagte ich.

»Um halb vier?«

»Ich konnte nicht schlafen und da bin ich eben gefahren.«

»Wir haben noch eine ganze Kiste im Keller.«

»Wirklich? Dann hätte ich mir das wohl sparen können.«

2

Nun, bei meinem neuerlichen Aufenthalt im Krankenhaus, machte ich mir Sorgen, dem Arzt oder der Schwester von damals zu begegnen. Außerdem ärgerte ich mich jetzt darüber, dass ich mich nach dem Malheur mit dem Kugellager von meinem damaligen Vorhaben abbringen lassen hatte. Mein Penis war nicht mehr gewachsen, obwohl sich der Körper eines Mannes angeblich bis zum zwanzigsten Lebensjahr entwickelt. Hätte ich die Jelq-Massage seither konsequent und korrekt angewendet, dachte ich, würde ich inzwischen vielleicht zumindest mit dem Gehänge eines frisch verheirateten Inders durch die Gänge des Krankenhauses stapfen.

Stattdessen hatte meine Unterlänge mein Leben weiterhin beeinflusst, genau wie sie es von Anfang an getan hatte. Denn soweit ich zurückdenken konnte, war ich immer ein dicker Junge mit einem kleinen Schwanz gewesen. Angefangen hatte es nur mit dick, und zwar in den ersten Klassen des Gymnasiums. Ich war damals kein richtiges Schwergewicht, aber doch dick genug, um von den Mädchen in der Klasse dafür gehänselt zu werden.

Als ich mit zwölf eine Mitschülerin ganz unschuldig ins Kino ausführte, machten sich die Mädchen lustig über sie und unterstellten ihr allerlei schmuddelige Ambitionen mit dem »fetten Stefan«.

Nach drei Jahren wechselte ich, zum Teil deshalb, die Schule. Doch dort wurde es noch schlimmer. Die Mädchen hatten ein Alter erreicht, in dem sie sich nicht mehr nur für den Bauchumfang ihrer männlichen Klassenkollegen interessier-

ten. Hinter vorgehaltener Hand fragten und tuschelten sie. Wir pubertäre Beinahe-Männer wussten vom Sportunterricht zwangsläufig wechselseitig über unsere Penisgrößen Bescheid. Als Neuer hatte ich besonders wenig Anspruch auf Schonung. Es war also nur eine Frage der Zeit, bis das erste Mädchen in dramatisch überspitzter Form von meinem Handicap erfuhr. Nur Stunden später wusste es die ganze Schule. Von da an war ich »der fette Stefan mit dem kleinen Schwanz«.

Zum Teil war ich selber schuld. Ein kleiner Schwanz sieht unter einem großen Bauch nun einmal noch mickriger aus. Obwohl ich auch traurig über so viel Bösartigkeit war, zog ich meine Lehren daraus. Nachdem ich die Schule abgebrochen und in einem Möbelhaus zu arbeiten begonnen hatte, beschloss ich abzunehmen. Ich trieb regelmäßig Sport, verordnete mir eine strenge Diät und wurde zusehends schlanker und selbstbewusster.

All das tat ich vor allem für Sabine, mit der ich schon im Sandkasten gespielt hatte und die auch mit mir ins Gymnasium gegangen war. In sie war ich schon lange unsterblich verliebt. Während der Geburtstagsparty einer ihrer Freundinnen saßen wir dann plötzlich nebeneinander im abendlich dunklen Garten und sie berührte scheu meine Hand.

Von da an ging zuerst alles automatisch. Unsere Blicke suchten einander. Ihre Lippen fanden die meinen. Lang lagen wir im feuchten Gras. Ich erforschte mit allen Sinnen die Details ihres Gesichts, den Duft ihrer Haare und probierte, wie sich ihre Schultern, ihr Hals und ihre Brüste anfühlten. Die Stelle zwischen ihren Beinen ließ ich damals noch aus. Für all den Rest nahm ich mir so viel Zeit, dass ich tags darauf wegen der langanhaltenden Erregung einen fürchterlichen Schmerz in der Hodengegend fühlte. Ich konnte kaum gehen, sitzen auch

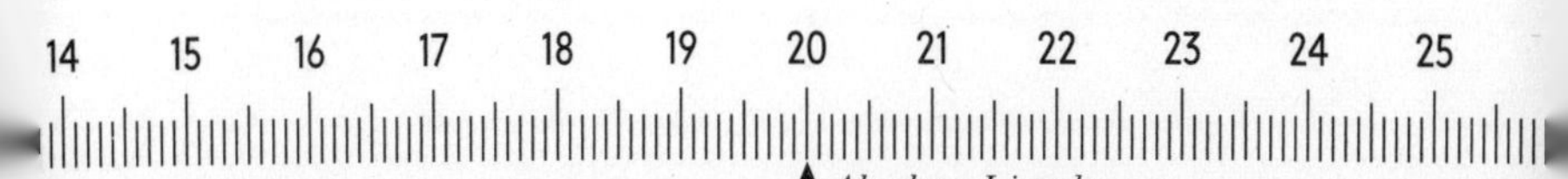

nicht. Später erfuhr ich, dass diese Art von Schmerz auch »Bräutigamsschmerz« genannt wird.

Ich war glücklicher als je zuvor. Noch glücklicher war ich nur, als wir uns gleich am nächsten Morgen telefonisch ein Treffen noch für denselben Tag ausmachten. Damit war klar, dass wir ein Paar geworden waren. Ich, der fette Stefan von einst, hatte das tollste Mädchen der Welt erobert.

Ich fühlte mich unsterblich, unbesiegbar, allmächtig und noch viel mehr.

Das Problem war nur, dass ich zwar nicht mehr der fette Stefan war, aber immer noch der mit dem kleinen Schwanz. Deshalb wollte ich mich Sabine lieber nicht nackt zeigen. Durch meinen Gewichtsverlust erschien mein Schwanz nur subjektiv größer. Meine Messungen mit dem Geodreieck ergaben nach wie vor eine Länge von bescheidenen elf Zentimetern. Das änderte sich auch nicht, als ich um der optischen Täuschung willen beinahe magersüchtig wurde.

Ein Porno inspirierte mich dann dazu, den Eindruck von Länge durch einen Radikalschnitt meiner Schambehaarung auszureizen. Ein gefühlter Zentimeter kam so dazu, doch so kahl rasiert kam ich mir wiederum dermaßen komisch vor, dass ich mich vor meiner Freundin nun erst recht nicht mehr ausziehen wollte.

Zuerst sah es so aus, als hätte ich alle Zeit der Welt, um eine Lösung für das Problem zu finden. Mit Petting in jeder erdenklichen Form hatte ich Sabine, die sich selber bald ohne jede Scham splitterfasernackt vor mir auszog, sogar schon mehrere Orgasmen beschert.

»Ist es für dich in Ordnung, wenn ich sie anbehalte?«, fragte ich, wenn sie meine Hose öffnen wollte.

»Wir müssen nichts übereilen«, antwortete sie dann.

Trotzdem wurde immer klarer, dass Sabine nicht länger warten wollte. Ich versuchte noch einige Zeit, mich zu drücken. Einmal nahm ich extra keine Kondome mit, um mich auf meine Vergesslichkeit ausreden zu können. Das half nichts. Ihre Handtasche war voll davon.

Also beschloss ich, dem Unvermeidlichen seinen verhängnisvollen Lauf zu lassen. Nachdem Sabine mir die Hose ausgezogen hatte, wollte sie sich natürlich auch an meiner Unterhose zu schaffen machen. Da bekam ich erneut Panik. Ich sträubte mich wie die zickigste Jungfrau der Welt. Mit Sabines Verständnis war es vorbei. Sie griff zielsicher nach meinem Schwanz, der sich unter dem Stoff aufbäumte. Als ich ihn ihr in einer sportlich anspruchsvollen Bewegung neuerlich entzog, suchte sie die Fehler bei sich selbst.

»Findest du mich etwa nicht schön?«

Ich schwor ihr das Gegenteil.

»Bist du vielleicht schwul?«

Ich schüttelte den Kopf.

Sie weinte ein bisschen und beschimpfte mich schließlich.

»Was ist nur los mit dir?«

Ich schwafelte etwas davon, dass ich noch nicht bereit sei und dass ich noch mehr Zeit bräuchte.

»Wie viel Zeit noch?«

Ich nahm meine weinende, erregte und halbnackte Freundin in den Arm und streichelte sie. Bald massierte ich die betreffende Stelle zwischen ihren Beinen so konzentriert wie noch nie zuvor. Das war noch längst nicht alles, und am Ende war sie wieder glücklich und machte mir Komplimente.

Bei meinem ersten ernsthaften Versuch bestand ich dann auf Dunkelheit im Zimmer. Doch meine Angst war stärker als meine Erektion. Ich machte mir Vorwürfe, während Sabine mich tröstete. Der Trost war zwar angenehm, aber männlicher fühlte ich mich dadurch auch nicht.

Danach wurde es immer schlimmer. Zum Beispiel verstieg ich mich dazu, in einem Anflug von »das Thema gehört auf den Tisch« Sabine ganz offen nach ihrer Meinung über meinen Schwanz zu fragen. Immerhin musste sie seine Größe inzwischen ziemlich genau abschätzen können.

»Der Größte ist er vielleicht nicht«, sagte sie.

Es aus dem Mund meiner Freundin zu hören, machte es noch schlimmer. Außerdem ließ sie es dabei nicht bewenden.

»Aber das macht nichts. Es kommt ja mehr darauf an, wie du mit ihm umgehst.«

Das verursachte neue Formen von Minderwertigkeitsgefühlen bei mir. Zum einen war ich sicher, dass ich mit meinem kleinen Schwanz nicht besser umgehen konnte als andere Männer mit ihrem viel größeren. Eher schlechter. Ich hatte nicht einmal eine Vorstellung davon, was in diesem Zusammenhang gut und was schlecht war. Ich wusste nur, dass ich ihn bei einer passenden Gelegenheit hineinstecken und im Wesentlichen nur hin und her bewegen musste, ohne dabei zu vergessen, an einen passenden Winkel und Rhythmus zu denken. Ich wusste natürlich von verschiedenen Stellungen, auch von außergewöhnlichen wie dem Ritt im Spagat oder der Helikopterstellung. Vermutlich gibt es Männer, die ihre Frauen ganz natürlich in solche Positionen bewegen können. Aber so ein Zauberer würde ich sicher in meinem ganzen Leben nicht werden.

Nach diesen zermürbenden Erfahrungen war ich sogar überzeugt davon, unter Erektionsproblem zu leiden. Denn als das Thema Größe einmal angesprochen war, wollte es mit Sabine schon gar nicht mehr klappen. Unmerklich war ich in einen Teufelskreis geraten, der wirklich keinem Mann zu wünschen ist.

Vielleicht war ich ja doch schwul. Zur Sicherheit machte ich ein paar Experimente. Ich achtete beim Masturbieren genau darauf, welche Fantasien mich beflügelten. Ich dachte nur an Frauen. Das fand ich schon einmal gut. Allerdings war ich jetzt so sehr auf die Kontrolle meiner Gedanken bedacht, dass mir nicht einmal das Masturbieren mehr Spaß machte. Daraus schloss ich wiederum, dass sich mein Erektionsproblem weiter verschlimmert hatte.

3

Ich war bereits ein ganzes Jahr mit Sabine zusammen, es war wieder Frühling und wir waren trotz meines Teufelskreises glücklich. Sabine zeigte inzwischen wieder eine Engelsgeduld. Mit Zelt und Rucksack fuhren wir in dieser Zeit ins grüne Kamptal. Wir besichtigten die Rosenburg, ein wirklich schönes Renaissance-Schloss dort in der Gegend, wo wir auch zu Mittag aßen. Sabine entschied sich für ein Hirschsteak und ich nahm die gebratene Entenbrust mit Knödel. Am Nachmittag wanderten wir tief in die Hügel hinein und suchten uns eine hübsche Lichtung zum Übernachten. Zwischen grünen Heidelbeerpölstern entfachte ich ein Lagerfeuer, auf dem wir Suppe kochten. Für alles andere waren wir vom Mittagessen noch zu satt. Dazu tranken wir Schnaps.

Es gefiel mir, dass ich Sabine mit dem Feuermachen und dem Zeltaufbauen wie immer beeindrucken konnte. Als es finster und kühler wurde, rückten wir am Feuer näher zusammen, erzählten uns Geschichten aus unserer Kindheit und planten unsere Zukunft. Beide wollten wir einmal ganz allein und abgeschieden von der restlichen Welt auf einer Insel, einer Alm oder einem Leuchtturm leben. Ich vermutete, dass solche Fantasien nicht von einer soliden Beziehungsbasis zeugten, aber es war trotzdem sehr schön, sie zu haben.

Das Feuer brannte nieder, und wir rückten noch näher zusammen, bis wir uns im Zelt verkrochen. Auf einmal funktionierte alles bestens. Ich war kaum nervös und im Umgang mit ihrem Körper hatte ich sowieso längst Erfahrung. Ich zückte das Kondom, das ich zuvor in einer Tasche des Innenzelts griffbereit platziert hatte, und stülpte es erfolgreich über. Sabine sah offenbar, dass es gleich so weit sein würde, und wollte nichts mehr riskieren. Sie ließ mich auf den Rücken legen und setzte sich auf mich. Es wurde nicht die Nacht des Jahrhunderts, aber der Bann war gebrochen und bald wurde es auch richtig schön.

Ich dachte an diese Zeit zurück, als ich mich jetzt auf die Treppen vor dem Krankenhaus setzte, um die laue Nacht zu genießen und eine zu rauchen. Eine der Schwestern lachte und meinte, die Raucher seien die besten Patienten, weil sie so schnell wieder auf den Beinen seien.

Es war windstill und der Mond stieg langsam über die ruhigen Baumwipfel. Ich konnte nicht aufhören, an Sabine zu denken. Zwei Jahre waren wir zusammen gewesen. Der Schneeberg war noch immer mein Lieblingsberg, weil wir ihn so oft miteinander bestiegen hatten. Einmal pflückte sie mir dort einen Strauß Alpenkräuter. Ich fürchtete zwar, dass gut die Hälfte davon auf der Liste der bedrohten Pflanzenarten stand, aber ich freute mich trotzdem.

Seit sie das erste Mal mit mir Schluss gemacht hatte, waren wir ungefähr fünfmal wieder zusammengekommen, und sie machte ebenso oft neuerlich Schluss. Für mich fingen damit meine Männlichkeitsprobleme wieder von vorne an, und zwar in einer noch stärkeren Form.

Solange mit Sabine alles glattgelaufen war, war ich auch mit mir zufrieden gewesen. Jetzt fühlte ich mich auf einmal noch weniger als Mann als vor unseren ersten Berührungen damals im Garten ihrer Freundin. Mein ganzer Körper schien mir hässlich geworden zu sein, mein Schwanz kam mir auf einmal lächerlich vor, und ich fühlte mich in allem, was ich tat, vollkommen unfähig.

Ich lief Sabine nach wie ein Hund. Hin und wieder erbarmte sie sich meiner und ging mit mir ins Kino. Wenn sie in Stimmung war, passierte auch mehr, dann versprach sie mir das Blaue vom Himmel, um hinterher alles wieder zurückzunehmen. Anfangs hatte sie noch Tränen in den Augen, wenn sie sagte, dass aus uns beiden doch nichts werden könne, später konnte sie mir mit eiserner Miene die härtesten Dinge an den Kopf werfen. Es war bestimmt keine Bösartigkeit ihrerseits, das glaubte ich jedenfalls. Das regelmäßige Schlussmachen war einfach zur Routine geworden.

Ich fragte mich pausenlos, was ich machen könnte, um zu einem Alphamann zu werden, an dem für sie kein Weg vorbeiführte. Während ich früher auch einmal schwach, krank und ungeschickt sein konnte, musste ich jetzt Supermann spielen. Aber was macht einen Supermann aus? Auf jeden Fall Geld. Ich kündigte also meine Stellung in dem Möbelhaus, in dem ich seit dem Ende meiner Schulzeit in der Bettenabteilung gearbeitet hatte, und wechselte zu den Bundesbahnen. Der Unterschied war nicht gerade gewaltig, aber es war immerhin eine Art Karrieresprung.

Fest stand weiters, dass bei einem Supermann jene Körperteile, die den Mann als solchen von der Frau unterscheiden, Übergröße haben müssen. Das bezog sich natürlich nicht auf den Bierbauch. Die Kinofilme und die Werbung machten das klar. Überall wimmelte es von Muskelprotzen mit ausgebeulten Hosen und jede männliche Nebenrolle sah mindestens wie Conan aus.

Dass dem so ist, hat meiner Meinung nach mit der Emanzipation zu tun. Seit Frauen zunehmend traditionelle Aufgaben der Männer wie Ernährung der Familie und Kriegsführung übernehmen, müssen Männer ihre Männlichkeit anders beweisen. Zum Beispiel durch einen mächtigen Bizeps und einen ebensolchen Schwanz. Es gibt einen Werbeclip, in dem sich eine zarte Frau vor dem Spiegel schminkt, während im Hintergrund ein Muskelprotz mit dem selbstbewussten Lächeln eines Mannes mit Dreißig-Zentimeter-Prügel die Waschmaschine einräumt. Außerdem habe ich gehört, dass auch in der Evolutionsgeschichte der Menschheit große Schwänze einen Selektionsvorteil darstellten. Große Penisse dienten ihren Trägern als Pumpen, um beim Sex das Sperma ihrer Vorgänger wieder aus der Vagina der Frau zu befördern.

Und dann die Pornos, in denen es diese Geräte in voller Aktion zu sehen gibt. Ich hatte keine Freundin mehr und stattdessen multiple Minderwertigkeitskomplexe, für die ich schon immer üppige Nahrung fand. In Sachen Porno zum Beispiel war ich traumatisiert, seit ich mit neun Jahren mein erstes Sexheft in den Händen gehalten hatte. Es gehörte Jakobs Vater. Jakob und ich blätterten es bei ihm im Garten zwischen einer Hecke und einem Rosenstrauch aufgeregt durch. Zwischen vielen bunten Seiten mit Hardcore-Super-Extrem-Sex waren einige einem Mann gewidmet, der einen Knoten in seinen Schwanz machen konnte. Er hieß Long Dong Silver und sein Dong war gleich fünfundvierzig Zentimeter lang, also fast einen halben Meter oder vier Mal so lang wie meiner mit noch einem Zentimeter als Bonus.

Immerhin musste Gerüchten zufolge immer ein Arzt anwesend sein, wenn er mit Erektion gefilmt oder fotografiert wurde. Denn sein Schwanz nahm im steifen Zustand so viel Blut in Anspruch, dass für diesen Pornodarsteller immer die Gefahr bestand, bewusstlos umzukippen.

Später erfuhr ich aber, dass die längste von einem Mediziner erfasste und professionell dokumentierte Erektion nur 34,3 Zentimeter betragen habe. Also immer noch drei Mal so lang wie meiner, plus 1,3 Zentimeter. Wenn also Long Dong Silver seine eigene Länge nicht für alle Ewigkeit beglaubigen ließ, ist es wahrscheinlich, dass es sich bei ihm nur um eine Täuschung durch die Pornoindustrie handelte. Schon seltsam auf jeden Fall, dass mir das Schicksal ausgerechnet diesen physiognomischen Sonderfall in meinem ersten Sexmagazin servierte.

Es gibt bei der ganzen Sache wohl ein grundsätzliches Problem. Frauen beschweren sich längst offen, dass das Bild des weiblichen Körpers auf Plakatwänden per Photoshop bis ins Absurde perfektioniert wird, womit sie sich diesen Maßstäben halbwegs entziehen können. Männer hingegen sind mit genau dem gleichen Problem allein. Niemand redet darüber. Ich kann mich nur zu gut an eine in ganz Österreich plakatierte Werbung mit dem Fußballstar David Beckham erinnern. Wenn es seine Mutter nicht mit einem Pferd getrieben hat, müssen die Werbeleute die Beule zwischen seinen Beinen um ein Mehrfaches vergrößert haben.

Planlos tat ich gegen meine Komplexe, was mir gerade so einfiel. Ich wollte mir wenigstens wieder mehr Muskeln antrainieren, da ich in der Zwischenzeit kaum Sport betrieben und dadurch auch wieder zugenommen hatte. Allerdings klappte das nicht mehr so gut wie einst. Zuerst ging es mir nicht schnell genug, und dann fehlte mir die Ausdauer. Ich war eher in der Verfassung, dumpf an die Zimmerdecke zu starren und mich zu betrinken. Das war mir lieber, als im Fitnesscenter zwischen Kolossen zu schwitzen, die unter der Hand Testosteron-Tabletten verkauften. Die Testosteron-Tabletten nahm ich allerdings trotzdem. Ich hielt es für eine gute Idee, meinem Körper mit ein paar zusätzlichen männlichen Hormonen auf die Sprünge zu helfen und kaufte für fünfundsechzig Euro eine hübsche hellblaue Plastikdose mit neunzig Stück. Von der ersten Tablette an fühlte ich mich wunderbar, bis ich im Internet etwas über die Nebenwirkungen erfuhr. Neben einer Veränderung des Skeletts – Testosteron wird auch bei der Behandlung von Osteoporose eingesetzt – sind eine Vergrößerung der Talgdrüsen, Kreislaufprobleme, Arteriosklerose, Blutgerinnsel, Schlaganfälle und einige andere Unannehmlichkeiten möglich.

Außerdem gibt es Nebenwirkungen, die ganz zum Gegenteil dessen führen, was man sich vom Männer-Hormon Testosteron versprechen würde. Da die Hoden durch das von außen zugeführte Hormon zu faul werden, es selbst zu produzieren, schrumpfen sie nach einiger Zeit auf ein absolutes Minimum zusammen. Beim Absetzen der Tabletten kann es dann zu einem schweren Testosteronmangel kommen, wodurch einem erwachsenen Mann sogar Brüste wachsen können. Nachdem ich das erfahren hatte, brach ich die Einnahme sofort ab. Vielleicht hatte ich sogar Glück gehabt und der Koloss aus dem Fitnesscenter hatte mir reine Gelatine verkauft. Angeblich kommt das am Schwarzmarkt vor.

4

Ich gab trotzdem die Hoffnung nicht auf, meinen Penis durch Medikamente vergrößern zu können. Im Internet gab es so viel verheißungsvolle Werbung für diverse Mittelchen. Ich hatte bloß keine Kreditkarte und wollte auch nicht in einem Sex-Shop nach solchen Mitteln fragen. Also eruierte ich die Nummer und das Ablaufdatum der Kreditkarte meines Vaters. Dann suchte ich mir das Mittel mit der schönsten Verpackung aus, gab die Nummern ein, klickte auf »jetzt kaufen«, klickte noch einmal und noch einmal, aber nichts passierte. Der Computer war abgestürzt. Ich fuhr ihn wieder hoch, öffnete die Seite abermals und gab noch einmal alle Daten ein. Da läutete das Telefon. Jakob wollte mit mir ein Bier trinken gehen. Ich verschob die Bestellung vorerst und ging lieber ins Wirtshaus.

Anschließend machte ich mir monatelang Sorgen, die Bestellung könnte doch erfolgreich gewesen sein. Aber niemand sagte etwas und mir fiel kein verdächtiges Päckchen auf. Ich schwor mir, nie wieder derartige Aktionen zu starten. Bloß hielt mein Vorsatz nicht sehr lange. Es war so ähnlich, wie sich zu schwören, nie wieder Pornofilme anzusehen. Nach ein paar Tagen bleibt man an einer Unterwäschewerbung hängen, gönnt sich ein paar einschlägige Bildchen und schon ist man wieder bei den Filmen. Außer man ist ein Heiliger.

Die Yamaha 1300 XJR, die ich mir ein halbes Jahr vor dem Unfall zugelegt hatte, war vielleicht auch nur ein Versuch gewesen, meine Männlichkeit aufzuwerten. Ich kaufte sie, als mir klar wurde, dass es für mich keine Hoffnung mehr gab, irgendwann mit mir selbst und mit der Liebe glücklich zu

werden. Ich begriff es bei einer Party ehemaliger Schulkollegen vom Gymnasium. Die Burschen waren mir ziemlich egal, und die meisten von ihnen kannte ich nicht einmal, weil ich ja nach drei Jahren die Schule gewechselt hatte. Ich war nur wegen Sabine hingegangen, und dann wartete und wartete ich, aber sie kam nicht. Ich hatte mich nach der halben Ewigkeit, die seit unserer letzten Trennung vergangen war, so sehr auf ihre weichen hellbraunen Haare und ihre lebendigen dunklen Augen gefreut. Ich hatte die Vorstellung, dass ich sofort wieder mit ihr so eins sein könnte wie früher, sofort, gleich nachdem sie leuchtend und lachend durch die Tür treten würde. Aber sie kam und kam nicht. Deshalb fing ich an zu trinken und schwelgte in zunehmend angeheitertem Zustand in den Erinnerungen an die Andeutungen, die sie bei unserer letzten Trennung neuerlich gemacht hatte. Dass sie sich nur mich als Vater ihrer Kinder vorstellen könnte und dass wir dann vielleicht einen Bauernhof mit allerlei Tieren haben würden. Sabine selbst war es, die mich aus diesen Tagträumen riss. Als sie endlich bei der Party aufkreuzte, grüßte sie mich übermäßig freundlich und lachte viel zu nett.

»Wie ist es bei dir?«, fragte sie schon nach kurzer Zeit. »Hast du wieder eine Freundin gefunden?«

»Natürlich nicht«, sagte ich.

Mehr gab ich lieber nicht von mir, denn in den Phasen unserer Trennung hatte ich schon immer Angst gehabt, etwas Falsches zu sagen oder zu tun.

Sabine murmelte etwas Unverständliches und mischte sich in der Küche einen Gin Tonic. Ich stand noch im Vorzimmer mit der Bierdose in der Hand und ahnte Übles. Warum hatte sie mich gleich zur Begrüßung nach meinem Liebesleben gefragt? Warum ging sie mir aus dem Weg, um sich mit ihren

Freundinnen zu unterhalten? Die benahmen sich, als gäbe es etwas zu feiern.

Schließlich hielt ich es nicht mehr aus. Als ich betrunken genug war, ging ich zu ihr und tippte ihr auf die Schulter.

»Und du?«, fragte ich.

Sie tat so, als wisse sie nicht, was ich meinte.

»Hast du einen Freund gefunden?«

Sie lächelte und nickte mütterlich und frauenhaft stolz, als bestätige sie gerade die großartigste Sache der Welt.

»Kenne ich ihn?«

»Es ist Sandro.«

Ihr Lächeln wurde breiter.

Ich hatte nicht die geringste Ahnung, wer Sandro war. Ich kannte keinen Sandro.

»Hat er Muskeln?«, fragte ich.

»Also wirklich.«

»Einen Riesenschwanz hat er sicher auch.«

»Überhaupt nicht.«

»Aber größer als meiner ist er ja wohl.«

»Frag ihn doch selbst. Du kennst ihn.«

»Woher?«

»Der Barkeeper in der einen Disco in Sankt Pölten, in der wir so oft zusammen gewesen sind. Der mit den langen blonden Locken.«

»Und dem größeren Schwanz.«

»Vielleicht.«

Ich war wirklich sehr betrunken.

»Wirklich, Stefan«, sagte Sabine. »Vielleicht heiraten wir beide ja doch einmal. Kinder, Bauernhof, weißt du noch? Ich mag dich noch immer sehr.«

Meinte sie das ernst? Oder wollte sie mich einfach nur trösten? Mir schwindelte. Ich musste nach Hause. Die Musik war sowieso zum Kotzen.

Am nächsten Tag – es war der Tag, an dem ich das Motorrad kaufte – beschloss ich, über das Thema Schwanzgröße des neuen Freundes meiner Ex prinzipiell nie wieder nachzudenken, geschweige denn, es jemals wieder aufs Tapet zu bringen. Damit konnte man sich nur die Stimmung versauen, und zu gewinnen war damit sowieso nichts. Trotzdem ging mir nicht aus dem Kopf, womit mein Nachfolger meiner Sabine dieses stolze Lächeln auf die Lippen zauberte. Ich fragte Jakob nach ihm.

»Sicher kennst du den«, sagte er. »Das ist der dünne Blonde mit den schiefen Beinen.«

»Keine Ahnung. Ist er wenigstens unsympathisch?«

Jakob wich aus.

»Ich kenne ihn nur als Kellner.«

Mehr Informationen waren ihm nicht zu entlocken. Ich legte auf, zog mich an, fuhr nach Wien, suchte einen Motorradhändler und kaufte mir die Yamaha. Ein Naked Bike, also eine Maschine ohne Karosserie. Um mein letztes Geld. Im Winter. Ende Jänner. Sie war sauteuer. Jetzt ist sie Schrott. Und sie war eigentlich kein Ersatz für fehlende Zentimeter, sondern einer für Sabine.

Ein Kollege aus dem Möbelhaus nahm sich nach der letzten Trennung eine Katze und nannte sie Lilli nach seiner Exfreundin. Dabei betonte er, dass diese Lilly mit Ypsilon hieß, seine Katze aber Lilli mit i. Er ging sogar mit der Katze an der Leine im Park spazieren und kaufte ihr das teuerste und vitaminreichste Spezialfutter. Meine Yamaha 1300 XJR hieß wenigstens nur Yamaha, vielleicht einmal Yamahalein oder Yamahaline, jedenfalls weder Sabine noch Sabyne.

Trotzdem dachte ich immer noch ständig an sie. Ich fand sie immer noch wunderbar. Ihre Augen waren so unglaublich groß. Ich konnte nie aufhören, in diese Augen zu schauen. Einmal hatte ich ihr das Frühstück ans Bett gebracht. Es war nichts Besonderes, nur ein Marmeladebrot. Während ich den Kaffee aus der Küche holte, verteilte sie rasch die Marmelade auf ihrer Brust. Das war fein.

Wir hatten sogar schon Namen für unsere Kinder. Sie waren etwas komisch, Wenzel für einen Buben und Margit für ein Mädchen, aber ich hätte sie trotzdem gerne mit ihr gehabt. Meine elf Zentimeter waren mit ihr kein Thema mehr gewesen, und wenn sie mich nicht verlassen hätte, wären sie vielleicht auch nie wieder eins geworden. Aber so war das Leben nun einmal nicht. Alles hing mit allem zusammen und unter dem Strich war mein Schwanz wohl einfach zu kurz.

5

Ich saß nun schon mehr als eine Stunde vor dem Krankenhaus und zündete mir eine weitere Zigarette an. Wegen meines Gipsarmes war das gar nicht einfach. Die Autos auf der Straße wurden weniger, und ab und zu musste ich eine Gelse erschlagen. Ich holte mir einen Eistee aus dem Getränkeautomaten und beobachtete eine Maus, die zwischen den Betonstufen und den Sträuchern hin und her huschte.

»Einen schönen guten Abend.«

Die Stimme hinter mir gehörte einer Frau. Ich drehte mich um. Es war Schwester Marianna. Die Assistentin bei meinem Kugellager-Eingriff. Das durfte nicht wahr sein.

»Hallo.«

Ich war verlegen.

Sie suchte ein Feuerzeug und in meiner Verwirrung fiel mir gar nicht ein, ihr meines anzubieten. Sie musste mich erst danach fragen. Ich sprang auf.

»Hallo«, grüßte ich irrtümlich noch einmal.

Eigentlich wollte ich »Bitte sehr« sagen.

»Danke«, sagte sie.

»Pause?«

»Nicht viel los heute.«

»Aha.«

»Du bist der mit dem Unfall, oder?«, fragte sie.

»Mit welchem Unfall?«, fragte ich vorsichtig.

»Motorrad.«

»Ja, genau.«

Meine Stimme klang eindeutig viel zu erleichtert.

»Glück gehabt«, sagte sie.

»Voll.«

Sie lächelte und strich sich mit den Fingerspitzen die lockigen blonden Haare hinter das Ohr. Ich stellte mir vor, wie sie mir damals, über den Operationstisch gebeugt, zwischen die Beine geschaut und sich über meinen kleinen Schwanz amüsiert hatte.

Aber entweder konnte sie sich wirklich nicht an mich erinnern, oder sie war höflich genug, sich nichts anmerken zu lassen. Wenn Letzteres der Fall war, wäre ich gerne im Boden versunken.

»Was machst du so im Sommer?«, fragte ich, weil mir nichts Besseres einfiel.

»Ich fliege mit ein paar Freunden nach Teneriffa.«

»Schwimmen?«

»Tauchen, Wandern und ein bisschen Windsurfen.«

»Da hast du ja einiges vor.«

»Und du? Was machst du so?«

Ich überlegte kurz, wie ich mein Sommerprogramm am besten umreißen konnte.

»Ich habe erst vor Kurzem meine Arbeit gekündigt«, sagte ich schließlich.

»Wo hast du gearbeitet?«

»Bei der Eisenbahn.«

»Interessant. Lokführer?«

»Nein. Am Schalter.«

»Und warum hast du gekündigt?«

»Ich bin eigentlich Kabarettist und will mich in Zukunft mehr darauf konzentrieren.«

»Echt? Hattest du schon Auftritte?«

»Klar. Ich war mit meinem ersten Programm bei mir zu

Hause in Hainfeld recht erfolgreich, dann war ich auch in anderen Orten und sogar ein bisschen in Wien.«

Das stimmte. Nach meinem ersten Auftritt waren die Hainfelder richtig euphorisiert gewesen. Ein Mädchen war so begeistert von mir, dass es sofort mit ihr funktionierte. Unter einem Baum. In derselben Nacht. Einfach so. Etwas, das mir weder davor noch danach je wieder gelungen war.

»In Wien auch?«, fragte Marianna. »Und was für ein Kabarett machst du so?«

»In meinem ersten ging es um Ibiza, und wie furchtbar der Tourismus dort ist.«

»Auf Teneriffa werden wir uns von den Hotelburgen fernhalten, meine Freunde und ich«, sagte Marianna schnell.

»Und dann habe ich gerade noch ein Programm über Workaholics und Aussteiger aus diesem geldvernarrten System geschrieben«, sagte ich.

Sie schwieg kurz. Sie schien weiter über den geplanten Urlaub nachzudenken.

»Du willst nicht vielleicht mitkommen nach Teneriffa, oder? Dort könntest du super an deinem Kabarett arbeiten. Ich fahre mit meiner besten Freundin und ihrem Freund hin. Die Familie von meiner besten Freundin ist von dort. Sie stammt von den Ureinwohnern ab, von den Guanchen. Wir wohnen bei ihrer Oma. Magst du?«

Ich war ziemlich verdutzt. Falls sie meinen Schwanz vor sieben Jahren doch gesehen hatte, musste ihr klar sein, dass er seitdem wohl nicht gewachsen war. Mein zweiter Gedanke galt meiner finanziellen Situation. Schon der Eistee war eine gewagte Ausgabe gewesen.

Meinen Job bei den Bundesbahnen zu kündigen, war ein Fehler gewesen. Das Abklappern von Wirtshäusern und Kulturinitiativen wegen Auftrittsmöglichkeiten kostete viel Zeit und Energie, und die Auftritte, die ich dabei ergatterte, brachten längst nicht mehr so viel ein wie mein erster. So hübsch diese Krankenschwester Marianna auch war, ich musste ablehnen.

»Ich glaube, das schaffe ich nicht«, sagte ich.

Sie sah traurig aus. Ihre Zigarette war längst ausgedämpft.

»Überleg es dir«, sagte sie. »Ich muss wieder an die Arbeit.«

Sie verschwand durch die automatische Tür.

Ich saß noch kurz auf der Treppe und rauchte noch eine Zigarette. Dann ging ich schlafen.

6

Am frühen Morgen weckte mich Marianna. Sie öffnete mit den Fingern meine Lider und leuchtete mir mit der Taschenlampe in die Augen, um die Reaktion der Pupillen zu testen. »Guten Morgen«, sagte sie. »Entschuldige, aber das muss ich für die Dienstübergabe machen.«

»Hallo«, murmelte ich verschlafen.

»Hast du es dir überlegt?«, sagte sie sofort.

Ich hatte es mir überlegt.

»Gibst du mir deine Telefonnummer?«, fragte ich.

»Sie liegt schon auf deinem Nachtkästchen, siehst du? Sie steht auf dem gelben Zettel.«

»Ich rufe dich an.«

Sie lächelte.

Ich schlief noch eine Runde, dann kam das Frühstück. Ich haute ordentlich rein. Jakob im Bett neben mir war ziemlich beeindruckt davon, dass die schöne Marianna mir ihre Telefonnummer gegeben hatte. Vielleicht wird ja jetzt alles besser, dachte ich. Vielleicht hat sie damals meinen Schwanz gesehen und mag mich gerade deshalb. Vielleicht gibt es solche Frauen und sie ist eine davon.

Vielleicht musste ich das Glück einfach nur beim Schopf packen. Mein Motorrad war zwar Schrott und Sabine war vielleicht für immer weg, aber ich hatte offenbar sogar mittelschwer verletzt noch genügend Charme, um gut aussehende Blondinen zu betören. Ich bin im Rennen, dachte ich zufrieden und schüttete im selben Atemzug Kaffee über mein Nachthemd, weil ich zu unkonzentriert trank.

Jakob lachte über mich, aber nur kurz, weil ihm gleich darauf die Rippen wehtaten. Worüber dann wieder ich lauthals lachte. Ich war gut gelaunt und hatte das Gefühl, dass nun wirklich alles besser werden würde.

Mein Handy klingelte. Ich erschrak dermaßen, dass ich meine Kaffeetasse ganz umkippte. Zum Glück war sie inzwischen leer. Jakob lachte noch mehr und hielt sich vor Schmerzen die Rippen. Ich zeigte ihm freundschaftlich den Mittelfinger und nahm den Anruf entgegen.

»Kannst du dich noch an mich erinnern?«

Es war eine Frauenstimme.

»Nein«, sagte ich. Das war die Wahrheit.

»Nach deinem allerersten Auftritt …«, deutete sie an.

»Johanna? Vor Kurzem erst habe ich an dich gedacht.«

Vierhundert Besucher waren ins Kulturzentrum von Hainfeld gekommen, um mein Programm über Tourismusburgen auf Ibiza zu bewundern. Viele hatten gar nicht mehr hineingepasst und mussten wieder abziehen. Nach den Jubelrufen am Ende stieg mein Selbstvertrauen ins Unendliche, besonders als ich auch noch einiges getrunken hatte. Ich taumelte mit Johanna in ein nahegelegenes Wäldchen. Sie wolle mir etwas zeigen. Kaum traten wir in den Schatten unter den Bäumen, krempelte sie ihren langen Rock hoch. Es dauerte nur wenige Sekunden, aber es komplettierte dennoch den schönsten Abend meines Lebens. Später fragte ich mich sogar, ob ich mir das Ganze nur eingebildet oder im Suff geträumt hatte. Denn schon am nächsten Tag fehlten in meiner Erinnerung die Details. Saukalt war es in dem Wald, das wusste ich noch, schließlich war Dezember, wenn auch ein für Hainfelder Verhältnisse eher warmer Dezember. Den Namen des Mädchens wusste ich auch noch, und dass Johanna jetzt anrief, bedeutete endgültig, dass das Ganze nur real gewesen sein konnte. Womöglich hatte ich mich gar nicht so übel angestellt. Womöglich hatte ich dabei ausnahmsweise eine richtig gute Figur gemacht.

»Nett, dass du anrufst.«

So freundlich wie ich waren die Hollywood-Stars bestimmt nicht, wenn sie nach Motorradunfällen sogar noch im Krankenhaus von ihren Groupies gestalkt wurden. Aber ich hatte eben Charakter.

»Ich wollte dir etwas sagen«, sagte Johanna.

Teneriffa wartete auf mich. Vielleicht konnte Johanna einfach mitkommen. Marianna und Johanna, das reimte sich sogar. Ich stellte mir vor, wie wir zu dritt im Pool plantschten. Wenn die Frauen unter Konkurrenzdruck standen, kam es auf die Länge meines Gerätes nicht mehr so an. Für die, die ich auserwählte, würde ich auf jeden Fall ein Sieg sein.

»Hallo Stefan?«, sagte Johanna gerade. »Ich verstehe schon, dass dich das ein bisschen schockiert, aber gar nichts zu sagen, ist auch nicht sehr nett.«

»Entschuldige bitte, ich war kurz abgelenkt. Was genau schockiert mich, meinst du?«

»Dass ich von dir im sechsten Monat schwanger bin.«

Für eine Sekunde wuchs einem der Mädchen in meiner Pool-Fantasie ein gewaltiger runder Bauch. Im nächsten Moment verbannte ich das Bild aus meinem Kopf. Für immer.

»Was? Schwanger? Von mir? Im sechsten Monat?«

Ich rechnete nach. Dezember bis Juni. Verdammt, das ging sich tatsächlich aus.

»Du hast ja meine Nummer«, sagte sie, »also ruf mich einfach an.«

Sie legte auf.

Noch plumper hätte ich eindeutig nicht reagieren können,

dachte ich als Erstes. Total daneben. Dabei hatte Johanna offenbar mit sich gekämpft, mich überhaupt anzurufen, sonst hätte sie es kaum erst drei Monate vor der Geburt getan.

Als Zweites dachte ich über Möglichkeiten nach, einfach zu verschwinden. Man musste es nur sorgfältig planen und musste mit dem alten Leben vollständig brechen. Neuer Name, neue Identität, neues Land, neue Sprache, neue Freunde. Ich fragte mich, ob diese Option ehrenhaft war. War sie nicht.

Als Nächstes überfiel mich Neugierde. Würde es ein Mädchen oder ein Junge werden? War die Schwangerschaft bisher gut verlaufen? Und wenn es ein Junge wurde, ab welchem Alter musste ich ihm beibringen, meine Fehler zu vermeiden? Ich würde mich noch einmal genauer mit der Jelq-Massage befassen. In Indien wiesen bestimmt die Väter ihre Söhne darin ein, so wie die Mütter den Töchtern Tipps aus dem Kamasutra fürs Liebesspiel gaben.

Was wollte Johanna eigentlich von mir? Wollte sie mich überhaupt als Vater haben? Vielleicht war jener für mich so aufregende Abend für sie eine einzige riesige Enttäuschung gewesen. Während ich so vor mich hin grübelte, merkte ich, dass mich Johannas Nachricht weder richtig schockierte, noch aus der Bahn warf. Ich saß auf meinem Krankenhausbett und spürte, wie sich auf meinem Gesicht langsam, aber sicher ein Grinsen breit machte. Immerhin war diese Schwangerschaft ein Beweis für meine Zeugungsfähigkeit. Man weiß das ja vorher nie. Und wer bei einem zehn Sekunden dauernden, besoffenen Waldfick dermaßen zuschlagen kann, der muss es draufhaben, kleiner Schwanz hin, Chancenlosigkeit bei Sabine her.

Ich sagte Jakob, der die Kopfhörer übergestülpt hatte, noch nichts davon. Er sollte keine weiteren Lachschmerzen erleiden, und außerdem wollte ich das Geheimnis noch für mich bewahren. Ohne mir dessen richtig bewusst zu sein, beschloss ich, was immer da auf mich zukam, anzunehmen. Und zwar als Mann. Ich würde ein Kind haben. Für dieses Kind würde ich ein Vorbild sein, wie immer sich Johanna meine Rolle auch vorstellte. Für dieses Kind musste ich meine Mühlsteine ablegen und meine Gespenster vertreiben. Für dieses Kind musste ich aufrecht durchs Leben gehen und nicht wie ein Schwächling gebeugt unter der Last eines vermeintlich übermächtigen Schicksals. Ich musste endlich aufhören, mein Selbstbewusstsein über meine Schwanzlänge zu definieren. Ich musste endlich auch im Kopf aufhören, der fette Stefan mit dem kleinen Schwanz zu sein.

7

Sobald ich das Krankenhaus verlassen durfte, fing ich bei einem vergleichsweise einfach zu korrigierenden Problem an. Bei meinem Geldmangel. Denn egal, ob mich Johanna nun in der Rolle des Vaters sehen wollte oder nicht, zahlen würde ich auf jeden Fall müssen. Geldmangel lässt sich durch geringere Ausgaben und höhere Einnahmen beheben. Also entschloss ich mich, Teneriffa wieder abzusagen und dafür meinen Exchef bei der Bahn anzurufen.

»Wenn du zurückkommen willst – immer gerne«, hatte er bei meinem etwas spontanen Abschied gemeint. »Nur für den Fall, dass es mit dem Kabarett doch nicht so klappt.«

Damals war ich eher sauer über seinen mangelnden Glauben an mein Genie gewesen als erfreut über das Angebot. Jetzt war es aber so weit, dass ich dieses Angebot annehmen wollte, und es kam mir auch nicht wie ein Rückschritt vor. Im Gegenteil, die Gedanken an mein Kind und an mein neues Ziel, ein richtiger Mann und ein gutes Vorbild zu werden, machten mich richtig euphorisch. Falls Sie auch einen kleinen Pimmel haben, machen Sie sich nichts daraus, hätte ich meinem Exchef am liebsten zugerufen, das Leben ist auch so verdammt aufregend!

So spontan war dann allerdings doch keine Stelle frei. Er versprach mir aber, sich bei mir zu melden.

»Das ist jetzt ein bisschen kurzfristig«, meinte er, während ich mir meine kleine Enttäuschung nicht anmerken ließ. Er sollte nicht glauben, dass ich als Kabarettist versagt hatte. Ich hatte ja die Hoffnung noch nicht ganz aufgegeben, es irgendwann als Kabarettist doch noch zu etwas zu bringen. Schließlich hatte ich noch nicht einmal richtig angefangen und war sicher, dass mir in meiner neuen Situation bald die richtig großen Ideen zufliegen würden.

Ich könnte mich zum Beispiel auf die Bühne stellen und aller Welt verkünden, dass mein Schwanz nur elf Zentimeter lang ist, dachte ich, während mein Exchef über den Stellenplan redete. Vermutlich würde es ein Befreiungsschlag für den ganzen männlichen Teil der Welt sein. Vielleicht würden es mir Norweger, Griechen, Franzosen, Engländer, Liechtensteiner, Chinesen und Senegalesen nachmachen. Männer auf der ganzen Welt würden sich befreien. In Asien würde sich vielleicht ein Mann mit sieben Zentimetern outen und in Afrika wären es wahrscheinlich etwas mehr. Der dortige Tabubrecher würde verkünden, dass man auch mit sechzehn Zentimetern schon ein richtiger Mann ist.

Aber zunächst war es wichtiger, einen Job zu finden.

»Sobald etwas frei ist, melde ich mich bei dir«, sagte mein Exchef. »Es kann aber ein bisschen dauern.«

Ganz kurz überlegte ich, meinen ganzen Plan wieder fahren zu lassen und doch einfach unterzutauchen. Irgendwo in Asien. Auf die Art wäre ich zwei Probleme auf einmal los gewesen. Aber das wäre zu billig und gleichzeitig zu aufwändig gewesen. Deshalb zog ich lieber die einfachere Konsequenz aus meinen Überlegungen und beschloss, in diesem Leben zumindest nie nach Afrika zu reisen.

Während ich zu meinem Vater hinunterging, um mich nach einem Sommerjob bei der Post zu erkundigen, fragte ich mich, ob die Wiener Polizisten in der U-Bahn jeden afrikanischen Lehrer als Drogenhändler verhaften, weil sie in Wahrheit nur eifersüchtig auf deren große Schwänze sind. Wenn die Asiaten

in dem Ruf stünden, gut bestückt zu sein, würden vielleicht eher ihnen von den Medien und der Polizei alle möglichen Verbrechen in die Schuhe geschoben.

»Warum auf einmal?«, fragte mein Vater.

Er war seit Jahrzehnten bei der Post, genau wie meine Mutter. Beide waren Briefträger, und er war nicht der Typ, der seinem Sohn einen vernünftigen Job eingeredet hätte. In seiner Jugend wollte er Maler werden, entschied sich aber dann für die sichere Variante. Er kannte auch die Nachteile davon, wusste inzwischen, dass man nur dieses eine Leben hat und dass es flugs vergeht, und deshalb hatte er mich bei meinen kabarettistischen Ambitionen von Anfang an leidenschaftlich unterstützt.

»Wenn ich etwas flüssiger bin, macht das Leben mehr Spaß«, sagte ich.

Dass er bald Großvater werden würde, sagte ich ihm nicht. Er hatte seine künstlerischen Pläne damals aufgegeben, weil ich zur Welt gekommen war. Mein Fahrplan in mein neues Leben war noch zu roh und unausgegoren. Ich wollte ihn noch nicht der Kritik meines Vaters aussetzen, der womöglich versuchen würde, bei mir wiedergutzumachen, was er bei sich selbst verbockt zu haben glaubte.

»Mal sehen«, sagte er, und noch am selben Tag hatte ich die Telefonnummer eines Herrn Untergruber, der mich zwei Wochen später zu einem Vorstellungsgespräch empfangen wollte. Die Wartezeit verbrachte ich damit, Jakob im Krankenhaus zu besuchen, immer wieder Johannas Nummer zu wählen, mir den für den Job erforderlichen Strafregisterauszug zu beschaffen und zwecks Basisrecherche für mein neues Kabarettprogramm, das vor meinem inneren Auge immer mehr Gestalt annahm, die durchschnittliche Penislänge zu eruieren.

Der Strafregisterauszug war kein Problem und Jakob erholte sich zusehends. Da er in seinem Krankenzimmer schon so lange nichts mehr vom richtigen Leben mitbekam, unterhielten wir uns in erster Linie über Fernsehsendungen und Zeitungsartikel. Als spürte er instinktiv, was mich gerade beschäftigte, erzählte er mir von einem Interview mit einer Prostituierten, das er im Fernsehen gesehen hatte.

»Sie hat behauptet, dass sie die Penislänge jedes Mannes weiß, lange bevor er sich ausgezogen hat.«

»Das wäre einmal etwas Neues für ›Wetten, dass...?‹, findest du nicht?«

Er konnte inzwischen schon schmerzfrei kichern.

»Im Ernst«, sagte er. »Ist doch irre, oder?«

»Das kann jeder behaupten.«

Kurz schwiegen wir und jeder von uns war in Gedanken zwischen seinen Beinen.

»Wie die Nase des Mannes, so sein Johannes«, sagte Jakob schließlich.

Unsere Gedanken bewegten sich zu unseren Nasen.

»Angeblich ist das der gleiche Blödsinn wie die meisten Bauernregeln fürs Wetter«, sagte ich.

»Ich habe da noch einen Artikel gelesen«, sagte Jakob. »Aber wahrscheinlich ist es auch Blödsinn. In dem Artikel war folgende Formel angeführt: Die Penislänge entspricht der Fußlänge, plus fünf Zentimeter, geteilt durch zwei.«

»Nicht schlecht, dann haben wir ja genau gleich Lange, wir zwei.«

»Wahrscheinlich auch ein Unsinn.«

Unsere Gedanken wanderten in unsere Schuhe. Ich überlegte, wie viele Zentimeter wohl ein Fuß mit Schuhgröße fünfundvierzig haben könnte. Später einmal maß ich nach. Es waren achtundzwanzig Zentimeter. Gemäß dieser Formel müsste ich also einen Sechzehneinhalb-Zentimeter-Schwanz besitzen. Deprimierend.

Ich sah auf die Uhr. Ich wusste, dass bald die abendliche Dienstübergabe der Krankenschwestern stattfinden würde. Marianna konnte bald kommen. Ich verdrückte mich lieber. Ich ging ihr seit Johannas Anruf aus dem Weg. Ich hatte einfach nicht den Mut, ihr von meiner neuen Situation zu berichten. Dabei wusste ich inzwischen gar nicht mehr, ob das Ganze mit meiner Vaterschaft nicht ein riesiger Unfug gewesen war. Denn Johanna hob nicht ab, so oft ich auch anrief. Allmählich keimte in mir der Verdacht, dass sie mich einfach verarscht hatte. Vermutlich war sie sauer gewesen, dass ich sie nie wieder angerufen hatte, und das war ihre Rache. Ich hätte sie damals auch wirklich wieder anrufen können. Aber unser Waldfick hätte das Heroische verloren, wenn etwas Beziehungsartiges daraus geworden wäre, das dann neben meinem Traum von einem Leben mit Sabine ohnedies keinen Bestand gehabt hätte.

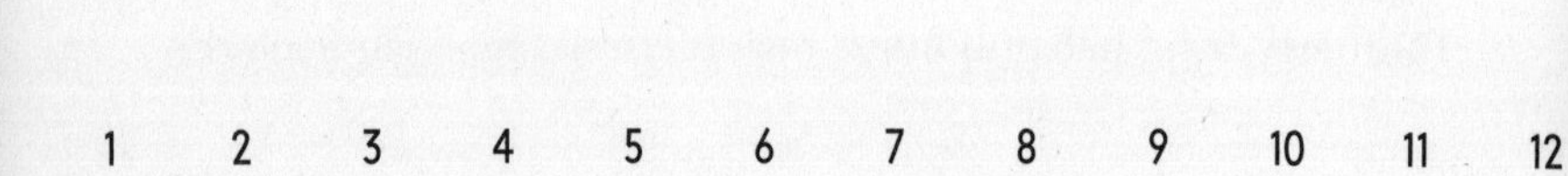

8

Am Abend setzte ich mich zum Computer, um weiter für mein Kabarettprogramm zu recherchieren. Ich gab ungefähr zum hundertsten Mal in meinem Leben das Wort »Penislänge« in die Suchmaschine ein. Bezeichnend war, dass auf vielen Ärzte-Seiten von eher niedrigeren Durchschnittslängen die Rede war, also einmal von dreizehn Zentimetern plus minus zwei und ein anderes Mal sogar nur von elf bis vierzehn Zentimetern. Es wurde natürlich weder die Messmethode angegeben noch eine Studie zitiert. Ich freute mich trotzdem zunächst über diese Erkenntnisse.

Auf der Seite eines bekannten Kondomherstellers war von einem Durchschnitt von 16,8 Zentimetern die Rede. Die Studie dazu hatte die Firma selbst gemacht. Ich hoffte sehr, dass die Studie sich nicht mit den Längen der Penisse befasst hatte, sondern mit den Größen der am häufigsten gekauften Kondome. Die meisten Männer besorgen sich wohl zu große. Ganz so, wie Frauen dazu neigen, sich zu enge Jeans zu kaufen.

Immer wieder stieß ich dann auf die Angabe, dass 14,5 Zentimeter die Durchschnittslänge in Deutschland sei. Tatsächlich war offenbar in Bochum und in Essen eine Studie durchgeführt worden, bei der hundertelf Männern zwischen achtzehn und neunzehn Jahren von medizinischem Personal die Penisse gemessen worden waren. 14,48 Zentimeter Durchschnittslänge waren das Ergebnis.

Gemessen wurde nach einer Methode, bei der das Lineal nicht gegen den Knochen gedrückt, sondern nur lose an die Haut angelegt wird und der Penis steif ist. Ich fragte mich, wie

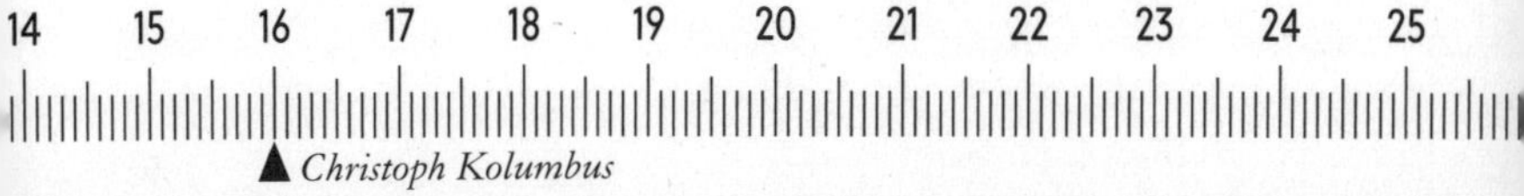

es das medizinische Personal wohl hinbekommen hatte, den Studienteilnehmern eine Erektion zu verschaffen? Diese Studie war offensichtlich die erste in Mitteleuropa gewesen, bei der nicht die Probanden selbst das Lineal ablesen durften. Bei älteren Studien, bei denen jeder selbst messen durfte, war das Ergebnis immer etwa um einen Zentimeter höher gewesen.

Ich fand natürlich haufenweise andere Erhebungen zum Thema. In einer wurde behauptet, dass in Europa die Franzosen mit durchschnittlich 15,48 Zentimetern die Längsten hätten, gefolgt von den Schweden mit 15,36. Die Deutschen kamen auf 14,61 und wir Österreicher lagen fast gleichauf. Die Griechen, die mir schon immer sympathisch gewesen waren, kamen auf 12,18 Zentimeter Durchschnittslänge.

Weltweit schnitten meistens die Afrikaner am besten ab und die Ostasiaten waren das Schlusslicht. Auf einer anderen Seite fand ich die Information, dass mit der Länge des Penis zugleich auch die Gefahr, an einem Prostata-Karzinom zu erkranken, wuchs. Immerhin, dachte ich, wird mir dieser Krebstod bei meinen Maßen aller Wahrscheinlichkeit nach erspart bleiben. Eine andere, von einer Boulevardzeitung veröffentlichte Studie aus Hongkong versuchte wiederum nachzuweisen, dass eigentlich die Chinesen längenmäßig weltweit vorne liegen würden.

Zunächst war ich zufrieden. Denn ich sah, dass ich von den Griechen gar nicht so weit entfernt bin. Und die meisten Asiaten übertrumpfe ich wohl sogar. Aber dann beschloss ich, doch noch herauszufinden, wie ein zu kleiner Penis definiert ist. Auf einer Seite stand vieldeutig: »Von einem zu kleinen Penis spricht man, wenn die Penislänge signifikant von der Durchschnittsgröße abweicht. Im europäischen Sprachraum wäre dies die Marke von circa elf bis zwölf Zentimetern.«

Ich war schockiert. Aber nach einer Weile versuchte ich mich damit zu beruhigen, dass ich diese Information einer Seite entnahm, die Penisverlängerungsgeräte bewarb. Und außerdem: Was war eigentlich an einer Abweichung von zwei Zentimetern signifikant? Diese Leute hatten sicher ein mathematisches Problem. Von jedem Durchschnitt muss es doch eine Abweichung geben. Und wenn es Teile mit zwanzig Zentimetern gibt, und die ganz normal sein sollen, dann muss doch einer mit elf Zentimetern auch noch normal sein.

Auf den meisten Ärzte-Seiten stand auf jeden Fall, dass auch sieben Zentimeter noch nicht krankhaft seien. Aber was nützte es mir, dass mein Schwanz zwar nicht krankhaft klein, aber doch verdammt klein war?

Ich war verwirrt, hatte viel zu viele Zahlen im Kopf und versuchte zu schlafen. Es ging nicht. Es ließ mir keine Ruhe, dass ich nicht wusste, welche Messmethode die richtige, offizielle und international anerkannte war. Den Mathegenies von den meisten Studien war ja auch zuzutrauen, dass sie die Schwänze ab dem Arschloch gemessen hatten.

Ich stand also wieder auf und setzte mich an den Schreibtisch zum Computer, dem Fenster in die Welt der Wissenschaft. Ich gab die Worte »Messmethoden« und »Penis« ein und klickte wahllos eine Seite an. Ich erschrak. Die Worte »in schlaffem Zustand« sprangen mir ins Auge. Das würde ja heißen, dass mein Penis im Vergleich zu den gelesenen Zahlen noch viel kürzer war. Ich hatte ja bis jetzt immer den Steifen gemessen. Als ich weiterlas, entspannte ich mich aber wieder. Denn bei der Messmethode, von der hier die Rede war, handelte es sich um die sogenannte BPFSL, also »Bone pressed flaccid stretch length«. Dabei zieht man seinen schlaffen Schwanz an der Eichel im rechten Winkel, so weit es geht, von sich weg, legt ein festes Lineal an, das man sich fest gegen das Schambein drückt, und ermittelt so die Länge. Es ist naheliegend, dass sich das Gewebe auf jeden Fall nicht weniger ausdehnt als im erregten Zustand, wenn also die Schwellkörper mit Blut vollgepumpt sind. Indem man das Lineal fest gegen den Knochen drückt, minimiert man die scheinbaren Längeneinbußen, die durch das Körperfett entstehen. Es stand auch in der Anleitung, dass man auf jeden Fall sein Körpergewicht aufschreiben solle, um es dann bei späteren Messergebnissen mitbedenken zu können. Denn es ist nicht zu unterschätzen, wie die sogenannte Fettschürze im Schambeinbereich das Messergebnis beeinflusst.

Ich las auch, dass das die Methode sei, die auch von Urologen angewandt wird. Das ließ sich im Internet nur bedingt bestätigen, eher im Gegenteil.

Einmal würde ich bei einem Urologen anrufen, um nach der richtigen Methode zu fragen. Aber für diesen Abend war es mir egal, ich wollte sofort eine Messmethode ausprobieren. Ich sägte also von meinem Holzlineal das Stück ab, das vor dem Nullstrich war, um das Ergebnis zu optimieren, versperrte mich im Zimmer, zog mir die Hose aus, legte das Lineal an und zog, so fest es ging. Ich kam auf fast dreizehn Zentimeter. Ich war begeistert. Ich konnte es nicht glauben. Sonst hatte ich ja immer nur maximal elf gemessen.

Aber ich bin eben ein bisschen übergenau, was mein bestes Stück anbelangt. Deshalb war ich sofort misstrauisch. Ich musste unbedingt an diesem Abend genau Bescheid wissen. Ich suchte fieberhaft weiter nach einer unfehlbaren Normmethode. Auf manchen Seiten stand, dass der Penis unbedingt immer im erregten Zustand zu messen sei. Und ich hatte schon gedacht, dass alles ganz einfach wäre.

Auf den meisten Internet-Seiten wurde gesagt, dass man ein hartes Lineal so an das Schambein anlegen solle, dass es eben nicht in die Haut hineindrückt. Das ärgerte mich aus zwei Gründen. Mein Ergebnis würde so erstens schlechter ausfallen als bei einem mageren Mann. Und zweitens hielt ich meinen kleinen Freund aufgrund seiner zwar unauffälligen, aber dennoch vorhandenen Krümmung gegenüber schnurgeraden Exemplaren für benachteiligt. Würde man meinen Penis im steifen Zustand mit einer angelegten Schnur messen, wären sicher einige Millimeter gewonnen, und das fällt gerade beim Runden auf ganze Zentimeter oft ziemlich ins Gewicht. Die geschilderte Messmethode wird von den selbsternannten Experten auch als NBPEL, also als »Non bone pressed errect length« bezeichnet. Sie ist natürlich für die Kondomhersteller ausschlaggebend.

Bald fand ich glücklicherweise heraus, dass es neben dieser Möglichkeit auch die BPEL, also die »Bone pressed errect length«, gibt. Sie funktioniert genau gleich, nur dass man das Lineal eben wieder fest gegen das Schambein drückt.

Ich beschloss, zur Tat zu schreiten, zog ein einschlägiges Heft unter meiner Matratze hervor und bemühte mich, eine Erektion zu bekommen. Normalerweise war das ja kein Problem, aber zu einem wissenschaftlichen Zweck an sich herumzurubbeln ist dann doch etwas anderes als um der Selbstbeglückung willen. Schon hatte ich einen Steifen, schon legte ich das Lineal an und was geschah? Mein Stück wurde wieder schlaff. Zwischendurch versuchte meine Großmutter, ins Zimmer einzudringen, wunderte sich, warum abgeschlossen war, und klopfte einige Male laut gegen die Tür. Ich musste öffnen gehen, und das nachdem ich endlich den Finger am Lineal positioniert hatte, um die Länge abzulesen.

Nach einer halben Stunde kam ich wieder in Stimmung. Die Messung nach der Methode, bei der man sich das Messgerät fest gegen das Schambein drückt, ergab immer noch etwas zwischen elf und zwölf Zentimetern. Nach wenigen Minuten konnte ich mich allerdings nicht mehr an das genaue Ergebnis erinnern. Wenn man etwas erregt ist, arbeitet das Gehirn gleich ganz anders. Ich musste alles von vorne machen und noch einmal nachmessen. Diesmal schrieb ich das Ergebnis zur Sicherheit auf. Es waren elf bis elfeinhalb Zentimeter.

Wegen der schnellen Erschlaffung war es nicht möglich, die Messungen nach beiden Methoden gleich nacheinander vorzunehmen. Nach der Methode, bei der nicht gegen das Schambein gedrückt wird, war mein Glied dann plötzlich nur mehr zehn Zentimeter lang. Das deprimierte mich wieder.

Wahrscheinlich hatte ich etwas falsch gemacht. Vermutlich war meine Latte nicht aus dem härtesten Holz geschnitzt gewesen. Ich machte mir den Steifen meines Lebens und korrigierte beide Ergebnisse um einen halben Zentimeter nach oben.

Ohne das Lineal in die Haut am Schambein zu bohren, kam ich folglich auf zehneinhalb, mit hineingepresstem Lineal auf zwölf und nach der einfachsten Methode, den Schwanz langzuziehen, auf gute dreizehn Zentimeter Länge. Pornodarsteller würde ich damit keiner werden, so viel war klar.

Aber andererseits heißt es doch immer, es kommt auch auf die Dicke an. Jede Frau, die frei von Statusdenken ist, gibt das zu, und das war auch aus dem hervorgegangen, das mir der Arzt damals bei meiner Kugellageroperation gesagt hatte. Bei einer Länge der sensiblen Zone in der Vagina von nur sieben Zentimetern war jeder darüber hinausgehende Millimeter Schwanzlänge nicht einmal Luxus.

Der Durchschnittsdurchmesser im erigierten Zustand liegt den meisten Quellen zufolge bei knapp unter vier Zentimetern. Den Durchmesser berechnet man, indem man den Umfang am Ansatz durch 3,141 dividiert. Ich maß meinen sofort nach und war mit meinen 8,8 Zentimeter Umfang und 2,8 Zentimeter Durchmesser gar nicht so unzufrieden.

Es sollte einen Body Mass Index für den Schwanz geben, fand ich. Einen objektiven aus Länge und Dicke zu errechnenden Wert. Die Länge dividiert durch die Dicke zum Quadrat. Oder so ähnlich. Irgendwo würde sich ja wohl ein Mathematiker finden lassen, der das hinbekam. Dann würde ich am Ende vielleicht sogar noch im oberen Durchschnitt landen. Meine Laune besserte sich bei diesem Gedanken sofort.

Ich legte mich wieder ins Bett und erinnerte mich, wie ich mit Sabine einmal in der Wiese gesessen war, und sie mir erklärt hatte, dass es Fleischschwänze und Blutschwänze gebe. Erstere würden sich bei einer Erektion kaum in ihrer Größe verändern, Letztere dagegen sehr. Ich hatte laut Sabine einen Blutschwanz.

Mit dieser Erinnerung an vergangene Tage schlief ich gegen fünf Uhr morgens endlich ein.

»Warum bist du so gut aufgelegt?«, fragte mich Jakob, als ich am nächsten Tag völlig unausgeschlafen ins Krankenhaus kam.

»Ich habe ein Gefühl, als könnte ich bald wieder einmal Sex haben«, sagte ich.

»Scheiße«, sagte Jakob.

»Warum Scheiße?«

»Ich werde sicherlich keinen Sex haben, solange ich hier herumhängen muss.«

Ich erzählte ihm von den Seepocken, auf die ich bei meinen

Recherchen gestoßen war. Sie gehören zu den Krebstieren, aber sie sitzen festgewachsen auf dem Grund in flachen Küstengewässern. Ihre Penisse erreichen die bis zu achtfache Länge ihres eigenen Körpers. Sie brauchen das, weil sie, bewegungsunfähig wie sie sind, für den Geschlechtsakt mit dem Penis ihre Umgebung nach Artgenossinnen abtasten müssen.

»Mit so einem Tentakelschwanz könntest du eine Frau vögeln, die draußen vor dem Fenster vorbeigeht«, sagte ich lachend.

9

Das Vorstellungsgespräch bei Untergruber verlief bestens. Ich konnte gleich am nächsten Tag als Briefträger anfangen. Ich war froh, wieder einmal eine bodenständige Beschäftigung zu haben. Dienstantritt war früh am Morgen. Jeweils um fünf Uhr wartete ich in der Lilienfelder Zentrale auf den LKW. Bis halb acht sortierten wir die Zustellungen, zuerst nach Postleitzahl, dann nach Rayon, schließlich nach Straßen. Anschließend ging ich jeweils ins Kaffeezimmer und flirtete mit den älteren Kolleginnen. Mit Helga war es besonders lustig. Sie stand kurz vor der Rente. Wir spielten ein altes Ehepaar oder taten so, als hätten wir eine geheime Liebschaft. Manchmal zitierte sie Shakespeare, wenn ich das Zimmer betrat.

»Soll ich dich mit einem Sommertag vergleichen, meine Lerche?«

»Ich bin die Nachtigall und nicht der Uhu«, antwortete ich.

»Ach, ich sah also zu früh, was ich zu spät erkannt«, rief sie gespielt verzweifelt und reichte mir die Kaffeetasse.

»Oh, wackre Apothekerin! Dein Trank wirkt schnell und …«

Ich wusste nicht weiter, weil mir »Romeo und Julia« so vertraut auch wieder nicht war.

Helga half mir aus.

»Und so im Kusse stirbst du?«

Sie reichte mir den Zucker.

»Lass ihn dir schmecken, mein Darling.«

Meine Eltern betreuten als Briefträger die Ortschaft Traisen. Gewöhnlich taten sie das mit einem weiteren Kollegen zu dritt.

14 15 16 17 18 19 20 21 22 23 24 25

▲ *Charles Manson*

Der war auf Urlaub, und ich sprang für ihn ein, sodass Traisen in diesem Sommer die Post von der ganzen Familie Scheiblecker bekam. Nach dem Kaffee fuhren wir jeden Tag mit dem Postauto hin. Dort drehte dann jeder für sich seine Runden. Gegen elf Uhr trafen wir uns am Postamt in Traisen wieder und fuhren zurück in die Zentrale nach Lilienfeld, wo abgerechnet wurde.

Das frühe Aufstehen stabilisierte mich. Ich konnte nicht anders, als auch früh schlafen zu gehen. Es gab keine langen, schlaflosen, grüblerischen Nächte mehr, in denen mir immer wieder dieselben sinnlosen Gedanken durch den Kopf gingen.

Am Anfang meiner zweiten Arbeitswoche erreichte ich Johanna endlich. Gleich zu Beginn machte ich ihr Vorwürfe.

»Warum hast du nicht abgehoben?«

Ich dachte noch, dass das wohl kein guter Anfang war, aber meine Aufregung schien ihr zu gefallen. Sie lachte.

»Ich war nur auf Urlaub«, sagte sie und meinte dann noch: »Du wirst ein guter und besorgter Vater sein.«

Noch am selben Nachmittag besuchte ich sie in Hafnerbach. Der kleine Ort lag zwanzig Kilometer von Hainfeld entfernt. Unterwegs versuchte ich, den Gedanken zu unterdrücken, was für Folgen es hätte, wenn einer wie ich einen Sohn bekam. War die Schwanzlänge etwas, das in der Familie lag? Sollte ich wirklich einmal ein Kabarettprogramm über Penislängen machen, würde ich diese Frage auslassen. Mein Vater hatte es nicht verdient, da wie auch immer mit hineingezogen zu werden. Und mein Sohn, sollte es einer werden, genauso wenig.

Ich war nervös, als ich am Ortsschild von Hafnerbach vorbeifuhr. Ich konnte mich nicht mehr richtig erinnern, wie Johanna aussah. Da sie im sechsten Monat schwanger war, würde das allfällige Zweifel ausräumen. Sollte ich das Kind später einem Vaterschaftstest unterziehen? Sollte ich es heimlich tun oder Johanna um Erlaubnis fragen? Würde so viel Misstrauen unsere Elternbeziehung auf die Probe stellen? Es ist schon unglaublich, was so passieren kann, wenn Menschen Sex miteinander haben. Ich hatte natürlich gewusst, dass auch Kinder auf diese Art entstehen, aber so richtig begriffen hatte ich die möglichen Konsequenzen bisher noch nicht.

Ich stand eine ganze Weile vor dem Hauseingang, der sich statt an der Straßen- auf der Rückseite des rosaroten Mehrfamilienhauses befand. Ein schmaler Weg führte zwischen Rosenbeeten hindurch dorthin. Immer wieder las ich die Namen auf der Gegensprechanlage. Vielleicht würde sie mich lieben. Vielleicht wartete da oben die große Liebe auf mich. Vielleicht würde sie von der Schwangerschaft müde und geschwächt, vielleicht auch aufgeblüht sein, erfüllt von gewaltigen Mengen weiblicher Hormone. Es konnte auch sein, dass sie mir einfach nur die Rechnung präsentieren würde. Eine Summe, die ich von nun an monatlich überweisen müsste. Womöglich würden ihre Eltern da sein und mich zu einer Hochzeit zwingen wollen. Und Sabine – Sabine gab es auch noch immer irgendwie.

»Du musst auf die Klingel drücken, sonst funktioniert der Türöffner nicht.«

Die Stimme klang angenehm. Über mir war ein Fenster aufgegangen und ich sah gerade noch einen Schatten weghuschen.

Oben empfing mich Johanna in der Tür. Wie begrüßt man einander in so einer Situation? Wir wussten es beide nicht. Küsschen, als wäre nichts gewesen? Ein Händedruck, als würde man sich noch nicht kennen? Locker, als käme ich zu einer Party?

»Hallo Johanna.«

Wir rührten uns beide nicht.

»Kaffee?«, fragte sie.

Ich stand noch immer im Hausflur. Sie war mindestens ebenso verlegen wie ich.

»Ach, komm doch herein«, sagte sie.

Ehe ich mich in Bewegung setzte, betrachtete ich ihr Gesicht. Vielleicht war sie tatsächlich aufgeblüht. Gut möglich. Ich kannte einfach den Unterschied nicht. Auf jeden Fall sah sie besorgt aus.

Ich zog die Schuhe aus und folgte ihr in die Küche. Ratlos stand ich herum, bis sie auf einen Stuhl deutete. Auf dem Tisch standen zwei Kaffeetassen bereit. Sie schenkte ein und setzte sich. Übergangslos schossen ihr Tränen in die Augen. Sie umklammerte meine Hand und schluchzte los.

»Entschuldigung«, sagte sie.

»Kein Problem.«

»Das ist meine Wohnung«, sagte sie.

Ich nickte.

»Wird es ein Bub oder ein Mädchen?«, fragte ich.

»Das weiß ich nicht.«

»Hast du nicht gefragt?«

»Ich dachte, du lässt dich vielleicht lieber überraschen.«

»Ich würde einen Buben toll finden«, sagte ich.

Sie sah mich neugierig an. Es war das erste Mal, dass ich ihr etwas Persönliches anvertraute.

»Ein Mädchen fände ich genauso toll«, setzte ich schnell nach.

Sie lächelte.

Ihr Gesicht war rot und feucht von den Tränen.

»Das Geschlecht ist eigentlich ganz egal«, sagte ich. »Es soll nur gesund sein.«

Ich versuchte, mich in ihre Lage zu versetzen. Vermutlich stresste sie, was ich gerade gesagt hatte. Wenn das Kind nicht gesund wäre, würde sie sich vielleicht als schlechte Mutter fühlen. Aber dann müsste ich sagen, dass es auch mit meinem Sperma zusammenhängen könnte. Das muss ja auch nicht unbedingt erstklassig sein. Ich vertrieb diese Gedanken.

»Egal, wie es sein wird, ich werde mich auf jeden Fall freuen«, sagte ich.

»Schnaps?«

»Ja, bitte.«

Sie stellte eine Flasche und ein Glas vor mich hin. Ich schenkte mir reichlich ein.

»Es wird schon gutgehen«, sagte ich.

»Klar. Möchtest du hier einziehen?«

Ich konnte nicht gleich antworten. Rasch schenkte ich mir noch einmal ein. Ich dachte an Sabine. Alles andere schien auf einmal bedeutungslos, selbst Johanna mit ihrer Welt, die in Zukunft zu einem Teil auch meine sein würde. Das alles war irrational. Aber Liebe ist eben meistens irrational. Wenn ich Johannas Angebot annähme, wäre das ganz sicher das Ende von allem, zumindest von meinen Träumen mit meiner wahren Liebe.

»Es gibt da eine andere Frau«, sagte ich. »Entschuldige bitte.«

Ich entschuldigte mich gleich mehrmals. Aber die Formulierung war doch gewagt. Als andere Frau konnte ich Sabine, von der ich seit Ewigkeiten schon nichts mehr wusste, ja eigentlich nicht im Ernst bezeichnen.

»Und die andere Frau hat kein Problem damit?«

»Womit?«

»Mit meiner Schwangerschaft und so.«

»Aber nein. Sicher nicht.«

Sabine war es garantiert egal. Ich war ihr insgesamt egal. Warum, das wollte ich Johanna jetzt nicht erzählen. Wir kannten uns nicht so gut. Eigentlich gar nicht. Es hatte auch nichts mit ihr zu tun. Es war vermutlich leichter für sie, wenn sie dachte, ich wäre in einer festen Beziehung.

»Du kannst mich aber immer anrufen«, sagte ich.

»Danke.«

Wir schwiegen kurz.

Dann stand noch immer das leidige finanzielle Thema zur Klärung an.

»Was tust du eigentlich so?«, fragte ich.

»Was sollte ich tun?«

Johanna klang jetzt leicht verbittert.

»Arbeitsmäßig«, sagte ich.

Sie hatte in einem Modeladen gearbeitet, gekündigt, um etwas Besseres zu finden, und arbeitete jetzt wieder in einem Modeladen, aber in einem anderen. Der zweite Modeladen war eine Tochterfirma vom ersten, also war in jeder Hinsicht wieder alles beim Alten.

»Und was macht das Kabarett?«, fragte sie.

»Es läuft«, sagte ich.

Ich wollte ihr signalisieren, dass ich meinen Teil für das Kind bezahlen würde.

Sie blickte mich überrascht an. Dann erwähnte sie beiläufig, dass sie vor Kurzem auf meine Homepage geschaut hatte. Dort musste sie gesehen haben, dass derzeit keine Auftritte anstanden. Das war mir peinlich.

»Ich arbeite an einem neuen Programm«, sagte ich schnell.

»Worüber?«

Ich könnte gemeinsam mit der Prostituierten auftreten, die

jede Schwanzlänge weiß, schoss mir durch den Kopf. Sie, da unten in der dritten Reihe! Zwölf Zentimeter. Vielleicht würde sie sogar Kommastellen angeben. Wir könnten es so machen, dass sie auf ihre wahre Schätzung jeweils drei Zentimeter drauflegte. Dann würde jeder Mann ihr Ergebnis freundlich abnicken. Andererseits gesundete die Welt nun einmal an der Wahrheit und das Kabarett spielte seine Rolle dabei.

»Ist noch ein Geheimnis«, sagte ich.

»Dann viel Erfolg.«

»Keine Sorge. Ich arbeite jetzt im Sommer als Urlaubsvertretung bei der Post. Im Herbst fange ich wahrscheinlich wieder bei der Bahn an.«

Das mit der Bahn war eigentlich nach wie vor mehr als ungewiss, aber in diesem Moment war ich ganz sicher, dass eine Stelle für mich frei sein würde.

»Ich kann 250 Euro im Monat beisteuern«, sagte ich.

Ich wusste nicht, ob das zu wenig oder zu viel war. Johanna hatte sich aber bereits schlaugemacht.

»Das ist eine gute Summe«, sagte sie. »Etwas mehr als vorgeschrieben.«

Die vorgeschriebene Summe würde mit dem Alter des Kindes einmal steigen und dann wieder sinken, sagte sie, und dass sie jedenfalls ganz zufrieden wäre, wenn ich zuverlässig an jedem Monatsbeginn 250 Euro überweisen würde. Sie gab mir ihre Kontonummer und ich trank noch ein Glas Schnaps.

Wir schwiegen uns wieder an. Ich trank ein weiteres Glas und wurde auf einmal sehr euphorisch und gesprächig. Ich fragte Johanna, wie sich ihr Körper mit der Schwangerschaft verändert habe, ob die Geschichten über die Appetitverwirrungen stimmten, welche Namen sie sich für das Kind überlegt hatte, was ihre Eltern zu der Situation sagten und so weiter. So plauderten wir, bis es spät wurde und ich völlig betrunken war.

Zum Abschied umarmte mich Johanna lange und intensiv. Ich spazierte eine ganze Weile durch Hafnerbach, um meine Fahrtüchtigkeit einigermaßen wiederherzustellen. Die Luft war angenehm kühl und frisch. Es wehte ein Wind, der gleichzeitig nach Polarmeer und Südseeinseln zu duften schien. Ich fühlte mich wie in einem Traum. Ich würde Vater werden. Einfach so. Ohne mit der Mutter wirklich etwas gehabt zu haben. Die Natur ist schon eigenartig. Bei den Schimpansen bekommen die Männchen mit den größten Eiern, die mit der größten Samenproduktion, den meisten Nachwuchs. Bei den Gorillas setzen sich die wildesten und stärksten durch, die ihre Rivalen mit roher Gewalt von den Weibchen fernhalten können. Beim Menschen ist das offenbar komplizierter. Früher einmal hatte ich geglaubt, dass Kinder durch Liebe und Heirat entstehen. Aber weder hatte es etwas wie romantische Liebe zwischen Johanna und mir gegeben, noch hatten wir geheiratet. Ich besaß auch keine kolossalen Eier und schon gar nicht war ich wild und hünenhaft. Trotzdem war jetzt ein Kind unterwegs, als ob es herbeigezaubert worden wäre. Es war Balsam für mein wundes Selbstbewusstsein. Ich würde es dem Kind danken.

Eine Weile hörte ich dem Wind in den Ästen der kahlen Apfelbäume zu. Als ich mich halbwegs nüchtern fühlte, stieg ich ins Auto. Knapp vor Hainfeld geriet ich in ein Planquadrat der Polizei. Alkotest.

Ich strahlte die Beamten an.

»Ich bin gerade Vater geworden«, sagte ich.

Das war leicht übertrieben, aber es funktionierte.

Der Beamte beriet sich mit seiner Kollegin.

»Wie weit wollen Sie noch fahren, Herr Scheiblecker?«, fragte er mich schließlich.

Ich versuchte, so verständlich wie möglich zu lallen.

»Hainfeld.«

»Wenn Sie den einen Kilometer zu Fuß gehen und das Auto hier lassen, haben wir nichts gesehen«, sagte er.

»Sie sind Briefträger in Traisen, nicht wahr?«, sagte die Beamtin.

Ich nickte und bedankte mich herzlich. Die beiden gratulierten mir.

»Wie heißt das Kind denn?«, fragte der Polizist, als ich das Auto abschloss.

»Fabian.« Es war der erste Name, der mir einfiel. Wahrscheinlich war er auf Johannas Liste gestanden. Genau erinnerte ich mich nicht.

»Mein Cousin heißt auch Fabian«, sagte der Polizist. »Aber jetzt los. Ich will Ihretwegen keine Schwierigkeiten bekommen.«

Meine Eltern schliefen schon. Genau wie ich mussten sie am nächsten Morgen um vier Uhr aufstehen. Nur meine Großmutter war noch wach. Ich freute mich mit einem Mal, mein Geheimnis nicht nur mit dem Sicherheitsapparat, sondern auch mit einem Familienmitglied teilen zu können, und erzählte ihr alles. Sie war dermaßen begeistert, dass sie sofort meine Eltern wecken wollte. Im letzten Moment konnte ich es verhindern. Nicht verhindern konnte ich allerdings, dass meine Großmutter eine Flasche Obstbrand öffnete.

In jener Nacht schlief ich kaum mehr als eine Stunde. Schließlich musste ich am Morgen noch zu Fuß das Auto abholen, damit die Familie Scheiblecker pünktlich am Postamt in Lilienfeld eintreffen konnte.

10

Mitte Juli holte ich Jakob aus dem Krankenhaus ab. Marianna war gerade auf Urlaub, also konnte ich mich angstfrei durch die Gänge des Krankenhauses bewegen. Sie war dort, wohin ich eigentlich mitfahren hätte sollen. Auf Teneriffa.

Unterwegs kauften wir uns ein paar Flaschen Bier, die wir bei Jakob im Garten tranken. Wie ich wohnte er noch bei seinen Eltern. In unserer Gegend ist das so üblich.

Jakob war wieder halbwegs in Ordnung, nur in seiner Schulter steckten noch einige Metallteile und die Narben an seinem Oberschenkel und seinem Unterarm sahen noch gruselig aus. Zuerst redeten wir über neue Motorräder. Jakob meinte, dass er so bald wie möglich wieder fahren wolle.

»Dein Vorderrad damals«, sagte er. »Das war schon wirklich scheißknapp.«

Er lachte.

»Das hast du mitgekriegt?«, fragte ich erstaunt.

»Es war wie in Zeitlupe. Ich konnte im Kopf noch ein kleines Gebet sprechen.«

»Ich würde auch trotzdem gern bald wieder fahren«, sagte ich. »Aber ich muss erst sehen, wann ich mir eine neue Maschine leisten kann.«

Jakob hörte sich geduldig an, wie es bei Johanna gelaufen war. Er sagte nichts dazu, aber das Grundereignis beschäftigte ihn nach wie vor.

»Eine Viertelstunde im Wald und gleich ein Kind«, sagte er.

»Ich hatte da beim ersten Mal übertrieben«, sagte ich. »Es waren höchstens zwei Minuten.«

»Und dann gleich ein Kind«, wiederholte er. »Da braucht man schon gewaltige Eier.«

Er war also auch ein Anhänger der Schimpansen-Theorie. Ich sonnte mich ein wenig in seiner Bewunderung.

Seine Mutter brachte uns frische Limonade, um uns vom Alkoholkonsum abzuhalten. Das war eine gute Idee. Schon weil es unglaublich heiß war. Wir beide, zwei motorrad- und weitgehend mittellose Vierundzwanzigjährige mit heilenden Wunden, mussten in der Hitze dieses frühen Nachmittags zugeben, dass die frisch gepressten Zitronen belebender waren als der verlockende Gerstensaft.

Hinterher blieb ich lange im Auto sitzen. Ich überlegte, ob ich auch genug Eier hatte, Sabine anzurufen. Als ich das Handy aus der Hosentasche nahm, schoss mir das Adrenalin in den Kopf. Es schien viel länger als sonst zu dauern, bis die Verbindung aufrecht war. Ich ließ es einmal läuten, ein zweites Mal, ein drittes Mal, dann legte ich auf. Sie würde ohnehin nicht abheben.

Vorsichtig steuerte ich den Wagen heimwärts. Ich war kein Held. Ich war eher ein hoch qualifizierter Spezialist fürs Davonlaufen. Vor Johanna rannte ich davon, weil ich Angst um meine subjektive Freiheit hatte. Vor Marianna war ich aus Angst vor dem Risiko davongelaufen. Ich hatte Angst gehabt, Neuland zu betreten und zu scheitern. Dabei war es um nichts anderes als zwei Wochen auf einer Insel im Süden gegangen. Aber in zwei Wochen Traumsommer mit einer Frau wie Marianna hätte ich wohl irgendwann einmal die Hose herunterlassen müssen.

Natürlich hatte es auch andere Gründe für mein Kneifen gegeben. Natürlich hatte ich kein Geld gehabt und natürlich hatte mich auch die Nachricht von Johannas Schwangerschaft überrascht. Natürlich war es nett von mir gewesen, daheim zu bleiben und einen Job für den Sommer zu suchen statt das Abenteuer im Atlantischen Ozean. Und natürlich gab es da immer noch irgendwie Sabine. Aber jetzt sah das Ganze für mich doch wieder wie ein großes Scheitern aus. Was immer ich mir einredete, mein Rückzug war irgendwie doch eine neuerliche Kapitulation vor meinen Minderwertigkeitskomplexen gewesen. Anders ausgedrückt: Wenn ich einen längeren Schwanz gehabt hätte, wäre ich jetzt wohl auf Teneriffa gewesen.

Auf dem Heimweg erinnerte ich mich an ein Bierfest in Hainfeld. Es hatte zwei Wochen, nachdem mich Sabine zum zweiten Mal verlassen hatte, stattgefunden. Ich half damals als Taxifahrer aus und dank dieses Festes hatte ich die ganze Nacht Arbeit. Gegen Mitternacht brachte ich eine ziemlich hübsche junge Frau in einen Nachbarort. Die Fahrt war nicht besonders weit. Am Ende machte sie kaum sechs Euro aus. Doch die Frau nutzte die Zeit, um mich unentwegt durch den Rückspiegel schelmisch anzugrinsen. Sie war offensichtlich ziemlich angeheitert. Als ich sie um das Fahrgeld bat, gestand sie laut lachend, dass sie völlig pleite sei.

»Ich habe keinen Cent mehr«, sagte sie.

Es war ihr offensichtlich kein bisschen unangenehm. Ich fragte mich ärgerlich, ob ich wie ein Idiot aussah, der sich alles gefallen ließ.

»Wenn du willst, blase ich dir einen«, sagte sie da.

Sie grinste weiter.

Etwas ratlos betrachtete ich sie im Rückspiegel. Sie sah nicht aus wie jemand, der Geldprobleme hat. Mir dämmerte, dass sie ein Spiel spielte. Vermutlich war der Abend für sie nicht wunschgemäß gelaufen. Vermutlich war sie in der Disco keinem Alphamann mit Conan-Physiognomie begegnet, und jetzt hatte sie Lust auf diese Art von Sex. Vielleicht war sie auch unglücklich verliebt wie ich in Sabine. Vielleicht wollte sie einfach etwas erleben, das sie am nächsten Tag ihren Freundinnen erzählen konnte. Oder ich gefiel ihr. Auch das war theoretisch möglich.

»Ich weiß nicht«, sagte ich.

Ich würde es nicht schaffen, die Hose vor ihr herunterzulassen. Ich sah sie schon kichern, mit dem Finger auf meinen Schwanz zeigen und im Kopf die Geschichte für ihre Freundinnen formulieren. War es eigentlich für eine Frau vor ihren Freundinnen skurril oder blamabel, wenn sie auf einen Mann mit einem kleinen Schwanz gestoßen war?

»Ist nicht nötig«, sagte ich. »Ich lade dich gerne auf die Fahrt ein.«

»Komm schon.«

Ihr Blick hatte sich verändert. Er war nicht mehr schelmisch. Sie wollte wirklich. Sie musste ungefähr achtzehn sein, aber ich hatte in diesem Augenblick das Gefühl, dass sie wesentlich älter war als ich.

Das Funkgerät erlöste mich. Ein neuer Auftrag. Ich stieg aus, öffnete ihr die Tür und begleitete sie noch zum Haus.

Danach war ich so sauer auf mich, dass ich am liebsten meinen Schädel gegen das Seitenfenster geschlagen hätte. Ich war ein verdammter Idiot und lächerlicher Versager. Vermutlich würde ich diesen Flop mein Leben lang nicht vergessen. Es war zwar richtig gewesen abzulehnen, und dazu stand ich auch. Aber ich hatte es aus den falschen Motiven getan.

11

Bei mir daheim herrschte reges Treiben. Meine Eltern hatten von meiner Großmutter erfahren, dass ich Vater werden würde, und kramten im Keller nach alten Kindersachen. Im Vorzimmer stand schon ein Wickeltisch, von dessen Existenz ich gar keine Ahnung gehabt hatte. Meine Mutter präsentierte ihn mir ganz aufgeregt.

»Da bist du einmal draufgelegen.«

Sie regte sich wegen der unverhofften Schwangerschaft nicht auf. Die großen Dinge des Lebens war sie immer ziemlich entspannt angegangen. Was ohnedies nicht zu ändern war, sah sie gerne von der positiven Seite. Die bestand in diesem Fall darin, dass sie in ziemlich jungen Jahren Großmutter wurde und das noch richtig genießen können würde.

»Papa holt noch deinen alten Kinderwagen und das Bettchen herauf.«

Meine Mutter schrie vor Aufregung direkt in mein Ohr, sodass es fast weh tat.

»Na großartig. Jetzt werde ich also Großvater. Du hättest dir ruhig etwas mehr Zeit lassen können.«

Mein Vater polterte die Kellertreppe herauf.

»Es war …«, begann ich, aber mein Vater war zu sehr in Fahrt, um mich zu Wort kommen zu lassen.

»Wann lernen wir unsere Schwiegertochter denn kennen? Oder zeigst du sie uns gar nicht.«

Dieses Thema interessierte auch meine Mutter brennend, die inzwischen inmitten einer Staubwolke geschäftig den Wickeltisch reinigte.

»Zieht sie bei uns ein? Platz ist nicht viel, aber es lässt sich sicher machen.«

»Ist nicht geplant«, sagte ich.

»Dann ziehst du zu ihr?«

Ich fühlte mich von der Fragerei leicht überfordert.

»Auch nicht«, sagte ich.

Meine Großmutter rief aus der Küche, dass die Jause fertig sei. Das verschaffte mir ein wenig Zeit. Während ihr meine Mutter tragen half, führte mich mein Vater am Arm zum Tisch.

»Ist es nicht schon etwas spät für eine Jause?«, fragte ich.

»Wir wollten nicht ohne dich anfangen, jetzt, wo du für Nachwuchs sorgst.«

Als alle beisammen waren, erklärte ich die Situation. Es war aber nicht ganz einfach, weil mich die drei ständig mit ihren Kommentaren unterbrachen.

»Heutzutage ist eben alles ein bisschen anders«, sagte etwa mein Vater.

»Was meinst du?«, fragte meine Großmutter.

»Die ganze Moral«, sagte mein Vater. »Schau dir Silvio Berlusconi in Italien an. Der hat hunderte von Frauen, und was für welche. Und trotzdem wählen ihn die Leute.«

»Sie werden mit der Zeit schon zueinanderfinden«, sagte meine Großmutter.

»Du wirst aber gut für sie sorgen, für sie und das Kind«, sagte meine Mutter.

»Wird es ein Enkel oder eine Enkelin?«, fragte mein Vater völlig zusammenhanglos, als ich gerade schilderte, welche Vereinbarungen ich mit Johanna getroffen hatte.

»Er braucht jetzt wirklich eine ordentliche Arbeit«, sagte meine Großmutter.

»Wenn du mit dem Kabarett weitermachen willst, dann tu

es«, sagte mein Vater. »Dein Kind hat nichts davon, wenn du deine Ziele aufgibst.«

Die vielen guten Ratschläge überforderten mich auch. Meine Gedanken schweiften ab. Ich könnte eine Jury von drei erfahrenen Prostituierten zusammenstellen und sie die Penislängen von historischen und lebenden Persönlichkeiten bewerten lassen. Bei uns in Österreich ist für die Menschen alles, was irgendwie amtlich daherkommt, sakrosankt. Die Frage war auch, wie ich zu so einer Jury kommen könnte und welche Persönlichkeiten ich bewerten lassen würde. Eine seriöse Schätzung von Silvio Berlusconis Schwanzlänge, das musste doch eigentlich einschlagen.

»Er braucht eine ordentliche Arbeit«, wiederholte meine Großmutter.

Mein Vater senkte seine Stimme zu einem Flüstern.

»Ich hoffe, dass du nicht unglücklich bist.«

Meine Mutter hatte es gehört.

»Wieso sollte er unglücklich sein?«

Das rief sie so laut, dass es wahrscheinlich noch in Jakobs Garten sechs Kilometer entfernt zu hören war.

Ich versicherte ihnen, dass alles in bester Ordnung sei, und versprach, Johanna anzurufen und zu fragen, welche von den aus dem Keller ausgegrabenen Dingen sie brauchen konnte.

»Ruf sie jetzt sofort an«, sagte meine Mutter.

Alle waren ziemlich enttäuscht, als sie erfuhren, dass Johannas Eltern schon im eigenen Keller gegraben hatten. Ich half mit, unser eigenes Zeug wieder nach unten zu schleppen und bei der Gelegenheit die gesamte Unterwelt unter unserem Haus aufzuräumen.

12

Mein Vorsatz, ein Leben ohne Penistrauma zu führen, schien sich nicht wirklich zu erfüllen.

Während ich von der Hektik meiner bevorstehenden Vaterschaft umgeben war, spürte ich, wie ich mich ganz in diese neue Rolle flüchtete, um dem eigentlichen Problem aus dem Weg zu gehen.

Bei meiner Vaterschaft hatte ich viele Unterstützer, mit meinem Schwanz war ich allein. Ich erwog nun doch, einen Psychologen zu konsultieren, aber ich erwartete mir davon nicht viel. Zweifellos würde er eine ähnliche Position einnehmen wie einst der Arzt, der mich vom Metallring befreit hatte. Dass alles gar nicht so schlimm sei und dass es auf die Länge gar nicht ankomme. Es sei denn, man leide an dem medizinischen Phänomen des Mikropenis, der aber weniger als sieben Zentimeter lang ist. Der kürzeste gemessene Mikropenis soll sogar nur 1,3 Zentimeter lang gewesen sein. Ich hatte auch bereits ein Bild von so einem Mikropenis gesehen, das dem von einer fast gleich großen übergroßen Klitoris gegenübergestellt gewesen war. Meine Hoffnung, mein Selbstbewusstsein damit aufzubessern, war vergeblich gewesen. Mir fiel ein, dass der Abstand von meiner Schwanzlänge zu einem größeren Mikropenis nicht viel größer war als der Abstand zum guten Durchschnitt eines normalen Penis.

Ich kannte auch schon alle Studien, die Psychologen wohl gegenüber Klienten wie mir zitierten. 2005 war festgestellt worden, dass 45 Prozent der Männer mit ihrer Penislänge unzufrieden waren. Eine Befragung von Frauen hingegen hatte

ergeben, dass 85 Prozent der Frauen mit der Schwanzlänge ihres Partners »sehr zufrieden« waren.

Beruhigt hatte mich das auch nicht. Immerhin hatte genau ein Drittel der Männer, die sich als zu schlecht ausgestattet empfanden, zumindest ein bisschen recht. Ihre Frauen waren nicht »sehr zufrieden«. Sechs Prozent fanden den Schwanz ihres Partners überhaupt eindeutig zu kurz. Wahrscheinlich dachten alle Betroffenen, dass sie zu diesen sechs Prozent gehörten. Bei mir stimmte diese Befürchtung allerdings garantiert. Es tröstete mich nicht einmal, dass es mit Brüsten so ähnlich war. Ziemlich viele Frauen dachten, ihre wären zu klein, während die Männer das ganz anders sahen.

Immer wieder kam mir der Gedanke, einfach vor allem davonzulaufen. Ich hatte es schon einmal versucht, damals, als ich in dem Möbelhaus arbeitete. Ich fühlte mich zu jener Zeit schon ziemlich erwachsen. Ich war immerhin schon über sechzehn Jahre alt, verdiente mein eigenes Geld und hatte einen Mopedführerschein. Ich hatte nur noch keine Erfahrung mit Frauen und wusste noch nicht, dass ich mit Sabine wenig später meine ersten Kuscheleinheiten erleben sollte. Es hatte wohl damit zu tun, dass mich all die Paare so ungeheuer nervten, die zum Probeliegen in die Bettenabteilung kamen. Sie wippten als Belastungstest völlig ungeniert in den Ausstellungsstücken herum und manche begrapschten einander sogar zur Probe. Die Männer ließen mir gegenüber den Macho heraushängen. Die Situation bot sich dafür an. Die meisten waren im Begriff, eine Frau zu heiraten, und schafften sich die Spielwiese an, auf der sie es ihr täglich mindestens einmal richtig besorgen würden.

Die Frauen verhielten sich naturgemäß etwas anders. Die meisten hatten sich in den Prospekten schlaugemacht, welche

Matratze die beste Erholung bot, welcher Rost den Energiefluss gut unterstützte und welche Decke wärmte, ohne Schweißausbrüche zu verursachen. Das war mir noch lieber, als mit den Männern mehr oder weniger verklausuliert die Frage zu diskutieren, welche Stoßkraft ein Gestell absorbieren konnte. Auf Dauer verdross mich aber beides. Es war einfach nicht lustig, wenn das Thema Beischlaf sozusagen ständig im Raum stand, wenn man selbst noch nicht einmal eine Brust gestreichelt hatte. Bald ekelte ich mich allein schon beim Anblick der Doppelbetten. Als ich selbst die Einzelbetten nicht mehr sehen konnte, wusste ich, dass sich etwas ändern musste.

Eines Tages packte ich einige Unterhosen, meine Zahnbürste, zwei Wurstbrote und eine Bierdose ein und lenkte mein Moped in Richtung Ungarn statt zur Arbeit nach Wien. Dabei malte ich mir aus, was für ein wunderbares Leben mich dort erwarten würde.

Ich hatte vor, fürs Erste über die Runden zu kommen, indem ich bei Bauern aushalf. Mittelfristig wollte ich mir in einem kleinen Wäldchen eine gut versteckte Hütte bauen und dort ein paar Hühner und vielleicht ein oder zwei Schafe halten, ein Beet bestellen und so in aller Bescheidenheit meine ureigene Existenz aufbauen. Allerdings riss mir wenige Kilometer vor dem Grenzübergang Nickelsdorf die Kette. Ich stellte das Moped an den Straßenrand und rauchte in Ruhe eine Zigarette. Dann aß ich die Brote und trank das Bier. Nach einer weiteren Zigarette wurde ich nervös, rief demütig im Möbelhaus an und entschuldigte mich wegen einer plötzlichen Erkrankung. Noch demütiger alarmierte ich meinen Vater. Bei ihm tat ich mich mit einer Ausrede schwerer. Also erzählte ich ihm einfach die Wahrheit. Ich hatte gehofft, dass er die Sache mit etwas Humor nehmen würde, aber er blieb sehr ernst.

»Ich komme, sobald wir in der Zentrale abgerechnet haben«, sagte er.

Ich hatte also vier Stunden Zeit, am Straßenrand mit meinem Schicksal zu hadern. Ein bisschen hoffte ich dabei, dass drei Mädchen mit wehenden Haaren in einem roten Cabriolet vorbeikommen und mich einladen würden, zu ihnen auf die weißen Lederpolster zu springen und von da an in einem Schlaraffenland zu leben, in dem es weder um Stöße noch um Energieflüsse gehen würde. Stattdessen rollten beinahe im Minutentakt Lastwagen vorbei. Darunter waren überdurchschnittlich viele Viehtransporter. Und nicht einmal ein Schweinetransporter hielt für mich an. Mein Schicksal wollte offenbar, dass ich mich weiter mit der Infrastruktur für ehelichen Beischlaf befasste.

Mein Vater kam mit dem Campinganhänger, in den wir das Moped stellten. Er verlor kein Wort, weder beim Einsteigen noch unterwegs. Erst als wir Hainfeld erreicht hatten, kamen die Vorwürfe und Fragen.

»Doch, ich lebe gerne bei euch«, sagte ich. »Ja, ich mag meine Arbeit.«

Meine Motive, auszureißen, waren kompliziert. Vor allem gab es dabei ein Grundproblem: Ein Mann konnte vor seinem Schwanz nicht davonrennen. Das war ein eherner Grundsatz und vielleicht die wichtigste Erkenntnis meines bisherigen Lebens. Wohin ich auch rennen würde, mein Schwanz würde immer mitkommen.

Es sei denn, ich wanderte irgendwohin nach Asien aus. Aber Asien? Das Klima dort würde mir nicht gefallen. Außerdem gab es wissenschaftliche Untersuchungen, denen zufolge die Penisgröße nicht nur genetisch bedingt ist, sondern auch von Klimafaktoren abhängt. Ich wusste es nicht genau, aber das bedeutete womöglich, dass sich mein Schwanz dort unten am gelben, ostchinesischen oder japanischen Meer einfach auf das Niveau all der Einheimischen zurückentwickeln würde. Asien war jedenfalls keine Option. Selbst wenn ich dort mit meinem Elf-Zentimeter-Ding zumindest einige Zeit als neuer Long Dong Silver auftreten hätte können.

13

Es war nicht so, dass ich weitere schlechte Erfahrungen mit meinem Schwanz gemacht hätte. Ich machte gar keine Erfahrungen mit ihm, zumindest keine, die sozusagen mit Dritten zu tun hatten. Dennoch versiegte mein anfänglicher Elan, mein Leben zu ändern und mein Selbstbewusstsein zu stärken, immer mehr. Nur dass ihn eben keine äußeren Hindernisse bremsten, sondern innere. Wenn ich mich zum Beispiel wieder einmal darauf besann, Frauen mit anderen Werten als den quasi urologischen zu beeindrucken, fiel mir immer gleich ein Mädchen namens Trixy ein.

Als ich Trixy zum ersten Mal im Bikini gesehen hatte, war ich in Sachen körperlicher Liebe gerade dermaßen ausgehungert gewesen, dass es sogar schon meiner Großmutter aufgefallen war. Ich folgte mit den Blicken den Kurven der auf einem Steg im kroatischen Rovinij stehenden Trixy und legte augenblicklich eine neue Strategie fest. Nein, ich würde mir keinen Socken in die Badehose stopfen. Erstens wusste ich nicht, wie das aussehen würde, wenn ich aus dem Wasser kam, und außerdem würde sich diese Strategie im Augenblick des Erfolgs selbst ad absurdum führen. Ich beschloss vielmehr, Trixy zu zeigen, wie liebevoll ich mit Kindern umgehen konnte. Denn Trixy, mit der Jakob, unser Schulfreund Ernst und ich am Meer waren, hatte eine kleine Tochter namens Karolina.

Ich wusste zu diesem Zeitpunkt bereits, dass Männer mit kleinen Schwänzen teils komplexe Strategien bei der Eroberung von Frauen entwickelten. Eine, von der ich gehört hatte, fand ich besonders beeindruckend. Der Mann war gut

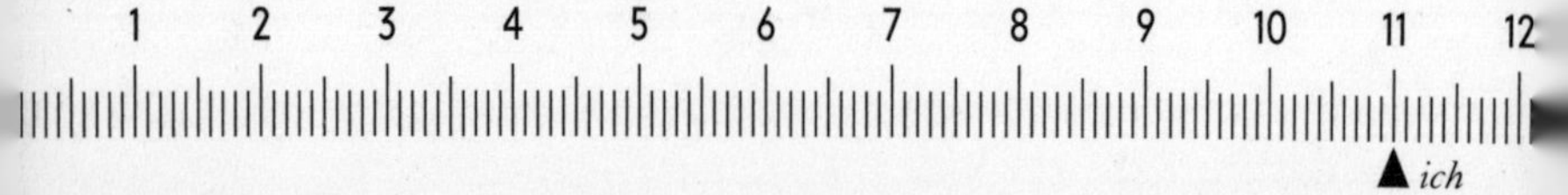

1,90 Meter groß, breitschultrig und in einer gehobenen Managementposition in der Süßwarenindustrie tätig, aber sein Pimmel war dem Vernehmen nach nicht einmal so groß wie mein eigener. Gefiel ihm eine Frau, suchte er zunächst die kameradschaftliche Ebene. Auf die Art kam er bis zu dem Punkt, an dem man sich gegenseitig auch intime Erlebnisse schildert. Dann ging er zu Stufe zwei seines Plans über. Er erzählte seinem Zielobjekt, dass er unter einer ungeheuren seelischen Belastung stehe. Er sei ein sehr guter Liebhaber, beherrsche Techniken wie kein anderer Mann und wage sich dennoch an keine Frau heran. Weil eben sein Schwanz zu klein sei. Dabei untertrieb er dessen Größe sogar noch etwas. Auf die Art appellierte er an die mütterliche Seite der Frau. Das funktioniert, richtig gemacht, bekanntlich meistens.

Wenn er dann wusste, dass er die Auserwählte so weit hatte, dass sie schon aus Menschlichkeit mit ihm ins Bett gegangen wäre, wechselte er zu Stufe drei. Von nun an briet er sie nach allen Regeln der Kunst an. Die Frau, ohnedies schon zu allem bereit, landete zwangsläufig irgendwann bei ihm im Schlafzimmer. Wenn er dort die Hose herunterließ, rechnete sie schon mit dem Schlimmsten. Dann waren es gar nicht acht oder neun, sondern zehn oder elf Zentimeter und die Liebesnacht war für alle Beteiligten gerettet.

Die Methode war bezwingend, aber für mich persönlich wäre sie trotzdem nichts gewesen. Ich war zu ungeduldig dafür, und irgendwie hätte ich mich dabei auch gefühlt, als würde ich mich selbst verarschen. Das mit Trixys Tochter Karolina war außerdem keine ausgereifte Strategie. Eher ein spontaner Entschluss, und ich fand Karolina auch wirklich süß.

Trixy war eine Bekannte von Ernst, den ich eigentlich nicht besonders leiden konnte. Aber Trixys Verwandtschaft besaß ein Haus in der Nähe der kroatischen Stadt Rovinij, in dem wir drei ein paar Sommertage verbringen durften. Trixy hatte rote Haare, und wenn wir uns abends auf der Terrasse frischen Fisch brieten und mit Thymian und wildem Knoblauch würzten, lachte sie wegen jeder Kleinigkeit. Ihr Lachen war aufrichtig und erfrischend und zeugte von Lebensfreude. Karolina war auch nicht auf den Mund gefallen.

»Ich bin Karolina und ich bin schon vier und halb«, sagte sie bei der Begrüßung.

Ich baute mit Karolina Sandburgen und sammelte für sie Muscheln, in die ich mit dem Taschenmesser kleine Löcher bohrte, damit ich ihr eine Kette daraus machen konnte. Außerdem flocht ich ihr Feenkränze, veranstalteten Wettrennen und spielte Balletttänzer mit ihr, was mir selbst am meisten Spaß machte. Ich merkte gar nicht, dass bald nur noch ich auf Karolina aufpasste, während Jakob und Ernst mit Trixy unterwegs waren. Trixy war voll der Dankbarkeit, während ich mich danach sehnte, möglichst viel über meine Angebetete zu erfahren. Weil ich Trixy selbst kaum sah, war meine wichtigste Quelle Karolina, und von der erfuhr ich, dass es ziemlich viele Onkel mit unerklärbarer familiärer Zugehörigkeit in ihrem Leben gab.

Als Jakob und Ernst an einem Abend von einer vorangegangenen Sauftour angeschlagen waren, nutzte ich meine Chance und ging allein mit Trixy aus. Ich blieb bei meiner väterlichen Rolle, auch dann, als uns der Gesprächsstoff ausgegangen war, Trixy auch einmal mit jemandem anderen tanzen wollte, und das dann den Rest des Abends tat. Ich träumte die ganze Nacht von ihr. Als ich früh am Morgen aufstand, hörte ich Trixys Stimme aus ihrem Zimmer.

»Was machst du denn?«, fragte sie.

»Ich schaue, was Onkel Stefan in der Küche macht.«

Ich kam ziemlich weit mit meiner Fürsorglichkeit. Trixy vertraute mir voll und ganz. Das bewies sie, als wir am nächsten Tag einen Ausflug nach Rovinij machten. Die Stadt war schön. Es gab ein paar alte Stadttore und die Kirche der heiligen Euphemia war eine beeindruckende Basilika mit einem Glockenturm, der stark an Venedig erinnerte. Ich war etwas schläfrig, weshalb die schmalen Gassen, die romanische Kapelle der heiligen Dreifaltigkeit und das mittelalterliche Rathaus wie Schatten an mir vorüberzogen.

Nach dem Essen war ich zu müde, um mit den anderen weiter auf Besichtigungstour zu gehen und blieb mit Karolina zurück. In einem Automaten mit Greifarm für Stofftiere erbeutete ich gleich mit der ersten Münze einen rosaroten Tintenfisch für sie. Weil sie dachte, das wäre so einfach, verpulverte ich danach vergeblich ein halbes Vermögen an dem Automaten. Ich kam davon erst los, als wir uns in einen vorbeikommenden Touristenzug setzten. Der brachte uns in eine winzige Ortschaft, wo wir erfuhren, dass der Zug erst am nächsten Tag wieder zurück nach Rovinij fuhr. In der alten Karre eines Bauern, dem wir leid getan hatten, verwünschte ich mich. Wir würden zwei Stunden zu spät sein und Trixys Vertrauen würde gebrochen sein. Doch sie war kein bisschen nervös gewesen. Sie herzte Karolina, während mich Ernst beiseite nahm.

»Danke, dass du das alles für mich tust.«

Erst am Rückflug bekam ich mit, dass er Trixy die ganze Zeit über gevögelt hatte. Immerhin hatte ich bei der Gelegenheit gelernt, mit Kindern umzugehen, und zwei Wochen nach unserer Rückkehr landete Trixy doch noch in meinem Bett.

»Hey Stefan, kann ich heute bei dir schlafen?«

Zu diesem Zeitpunkt wusste ich bereits, dass einer der Onkel ihr Freund und ein anderer ihr Liebhaber war und dass Ernst auch längst Onkelstatus hatte. Dennoch war ich überrascht und musste es verzweifelt über mich ergehen lassen, als Trixy unter dem Titel »Friends with Benefits« in dieser Nacht vergeblich versuchte, ein viel zu großes Kondom an meinem viel zu schlaffen Schwanz zu befestigen. Schließlich drehte sie sich weg, schlief ein und am Morgen betrat meine Großmutter das Zimmer. Die hatte noch nie besonders viel Feingefühl für Zwischenmenschliches gehabt.

»Na siehst du, Stefan«, sagte sie ganz laut, als sie Trixys Haarschopf entdeckte. »Es klappt ja wieder mit den Frauen.«

14

Ende August wussten wir, dass es ein Sohn werden würde. Wir hatten uns auf zwei Dinge geeinigt. Er würde Fabian heißen und ich würde im Kreißsaal nicht dabei sein. Johanna fand, dass eine Geburt Frauensache ist, und ich hätte es zu intim gefunden. Im Grunde kannten wir uns kaum und körperlich überhaupt nur von der Zeugung. Abgesehen davon kamen wir uns allmählich näher. Wir blieben jedenfalls in allen Dingen ziemlich gelassen. Ich wunderte mich darüber, sowohl über Johanna als auch über mich selbst. Johannas Mutter, die ich im Krankenhaus kennenlernte, machte ebenfalls keine große Sache aus der bevorstehenden Niederkunft ihrer Tochter. Sie wurde erst nervös, als Johanna zuerst zwölf, dann dreizehn und dann vierzehn Tage über dem Termin lag. Johanna wurde schließlich stationär aufgenommen, und so fuhr ich neuerlich regelmäßig ins Landesklinikum Lilienfeld. Diesmal aber nicht wegen Jakob, sondern wegen der Mutter meines Sohnes.

In der Nacht vom dritten auf den vierten September sollte es dann so weit sein. Johannas Mutter hatte versprochen, mich sofort anzurufen. Ich musste nach wie vor täglich um vier Uhr morgens aufstehen und war dementsprechend gerädert. Trotzdem konnte ich in dieser Nacht nicht schlafen. Schließlich stand ich auf, um zur Ablenkung an meinem Kabarettprogramm zu arbeiten. Die Idee mit den Prostituierten, die über die Schwanzlänge jedes Mannes Auskunft geben konnten, hatte sich in meinem Kopf festgesetzt. Vielleicht wäre es besser, sie über berühmte Persönlichkeiten erzählen zu lassen, als über beliebige Männer aus dem Publikum?

▲ *Charles Darwin*

Ich legte eine Liste an. »Silvio Berlusconi« schrieb ich als Ersten ganz oben hin. Wie der wohl seine zahlreichen Liebschaften befriedigt?

Darunter schrieb ich »Mick Jagger«. Der Rolling Stone war eindeutig ein Kandidat für meine Penislängenjury. Sein Kollege Keith Richards hat Jaggers Schwanz in seinen Memoiren als XS-Penis bezeichnet. Er bezog sich dabei auf Aussagen der Sängerin Marianne Faithfull, die eine Geliebte Jaggers war. »Sie hatte keinen Spaß mit seinem winzigen Ding«, hat Richards wörtlich geschrieben.

Was XS in Zentimetern bedeutete, war allerdings nicht vermerkt. Auch Jaggers Exfrau Jerry Hall, die sein Image als Sexgott zu retten versuchte, machte keine konkreten Längenangaben. »Mick ist gut bestückt, ich muss es schließlich wissen«, sagte sie knapp und wenig überzeugend. Keith Richards sei nur neidisch und Jagger sei ein sexuelles Raubtier.

Bei der Gelegenheit stieß ich auf ein Interview mit einer Schweizer Sexexpertin, die über Penisgrößen sprach. Gleich in ihrem ersten Satz meinte sie, dass ein großer Penis selbstverständlich für mehr Spaß im Bett sorgen würde. Aber natürlich nicht immer.

»Manche Frauen lieben kleine Penisse.«

Ich glaubte ihr kein Wort. Aber es wäre sicher interessant für mein Kabarett, also las ich weiter.

»Wenn man einen überdurchschnittlich kleinen Penis hat, dann muss man eben sonst ein guter Liebhaber sein.«

Und womit? Mit den Händen und mit der Zunge natürlich. Das wusste ich schon aus meiner Erfahrung mit Sabine, dass man so dann doch recht weit kommen kann.

»Zur Not gibt es Dildos.«

Das hatten Sabine und ich nicht probiert. Aber es wäre sicher eine gute Verhütungsmethode gewesen. Gut, dass ich mit Johanna meinen eigenen Schwanz verwendet hatte und nicht einen aus Hartgummi. Sonst würde ich jetzt nicht Vater werden. Ich konnte es nicht erwarten, dass Johannas Mutter endlich anrufen würde.

Immerhin beruhigte mich der Rat der Expertin, den sie an Männer mit zu großen Penissen richtete.

»Solche Männer sollen auch Dildos verwenden.«

Und sie wurde nicht müde, zu betonen, dass Männer sich eben nicht wie Pornodarsteller aufführen, sondern vorsichtig und liebevoll sein sollten.

»Lesbische Frauen zum Beispiel brauchen auch Befriedigung. Und Schwänze benötigen sie nicht, das sollten die Männer einmal einsehen.«

Vielleicht ist das Leben einfacher, als ich immer dachte. Mit diesem Gedanken schlief ich gegen Mitternacht über die Tastatur gebeugt ein. Um ein Uhr kam endlich der Anruf. Kurz nach halb zwei war ich in der Klinik. Neun Minuten nach zwei kam Fabian zur Welt. Alles war glatt verlaufen. Elf Minuten nach zwei legte ihn mir die Hebamme in die Arme. Ich war unglaublich zittrig vor Freude und bekam schreckliche Angst, das kleine Kind nicht richtig zu halten. Aber die Hebamme beruhigte mich. Ich lobte Johanna dafür, wie gut sie alles gemacht hatte. Dann fuhr ich zur Arbeit, wo mir meine Kollegen gratulierten. Helga zitierte Shakespeare: »Die Liebe ist ein Kind, und sie gedeiht genauso, wächst, wird reifer mit der Zeit.«

Nach der Arbeit fuhr ich wieder ins Krankenhaus zurück. Ich hatte früher nie verstanden, warum frischgebackene Eltern ihr Neugeborenes schön finden. Jetzt verstand ich es.

15

Mit der Zeit wurden meine Besuche bei Johanna seltener. Zwar wollte ich Fabian so oft wie möglich sehen, aber jeden Tag mit Johanna zusammen zu sein wie mit einer Ehefrau, das ging nicht. Wir waren Bekannte mit gemeinsamer Zeugungsvergangenheit und einem Kind. So war es beschlossen und so würde es bleiben.

Außerdem ging mir Sabine nicht aus dem Kopf. Ich rief sie regelmäßig an, aber sie hob nicht ab. Ich fuhr sogar in die Disco nach Sankt Pölten. Vergeblich. Der Sommer ging vorüber und damit auch mein Sommerjob bei der Post, und mein Arbeitsplatz bei der Bahn ließ auf sich warten.

Deshalb hatte ich viel freie Zeit. Ich schrieb an der Liste für mein mögliches Programm weiter. Dieter Bohlen. Ich vermerkte den Namen unter dem von Mick Jagger. So weit entfernt ich auch von seiner Glitzerwelt lebte, fiel er mir beim Thema Schwanz doch gleich ein.

Immerhin hatte er offenbar so ein langes Gerät, dass die Spekulationen darüber für lange Zeit die meisten Medien erfüllten. Zuerst hatte seine Exfreundin Naddel in ihrer Biografie von seinem Penisbruch berichtet. Kurz vor seinem Höhepunkt sei Dieter Bohlen abgerutscht und sein Penis sei mit einem lauten »Knack« gegen Naddels Schambein geknallt. Daraufhin habe Bohlen angeblich fluchtartig und schreiend das Bett verlassen und sei ins Badezimmer gerannt. Als sein Penis unnatürlich angeschwollen sei, habe sie den Krankenwagen verständigt.

Später verklagte Bohlen eine bekannte Zeitschrift wegen der Veröffentlichung von FKK-Fotos von ihm. Darauf war zwar sein Schwanz nicht zu sehen, weil er von der Redaktion mit kleinen Laubblättern sorgfältig überdeckt worden war, aber dafür dessen »Schatten«, wie es seine Anwälte formulierten. Seither lag über jeder Fernsehshow, in der Bohlen auftrat, ein Schatten von seinem Schwanz.

In einer Fernsehsendung wurde dieses Thema dann wieder aufgenommen. Einer der Kandidaten auf den Titel des Supertalents malte mit seinem eigenen Schwanz ein Porträt von Bohlen. Ins Finale kam er damit nicht. Aber seit damals denke ich jedes Mal, wenn Bohlen irgendwo auftaucht, an seinen Schwanz. Hoffentlich wird sich das nicht einmal umdrehen. Hoffentlich denke ich dann nicht an Bohlen, wenn ich irgendeinen Schwanz sehe. Und hoffentlich ergeht es nicht allen Deutschen und Österreichern irgendwann so. Dann hätten wir ein ernsthaftes Problem.

Ich ging einmal davon aus, dass Bohlens Schwanz eher groß ist. Sonst hätte er die FKK-Bilder wohl totgeschwiegen, statt vor Gericht zu ziehen und Schmerzensgeld zu fordern. Aber obwohl sich die Redaktion damit verteidigte, dass Bohlen »schon ein entsprechendes Image« gehabt habe, gewann Bohlen und kassierte 40.000 Euro.

Also lieber Finger weg von ihm. Der Typ war gefährlich und ich ein Provinzler. Wenn mich Bohlens Anwälte richtig in die Mangel nähmen, würde Fabian die nächsten sechsundzwanzig Jahre vermutlich ohne meine Alimente auskommen müssen. Womöglich würde die Jury sein Ding auch noch mit dreißig Zentimetern bewerten. So wie ich ihn einschätzte, würde er mich vor alle Gerichte der Welt zerren, um damit groß rauszukommen. Irgendwie auch verständlich.

Denn das war ja genau das Problem. Ein Mann konnte gut aussehen, ein erfolgreicher Sänger, Musikproduzent und Showstar sein, aber am Ende kam es eben doch auf seine Schwanzlänge an. Ich dachte über andere Kandidaten nach, nahm mir aber vor, die Jury auf jeden Fall auch nach Bohlens Schwanz zu fragen. Nur für mich. Wissen ist Macht.

Jakob rief an.

»Was, glaubst du, würde passieren, wenn jemand die Schwanzlänge des Papstes veröffentlichen würde?«, fragte ich ihn.

»Bist du verrückt geworden?«

»Du hast recht. Entschuldige.«

»Wie geht es Fabian?«, fragte Jakob.

»Gut, danke.«

»Ich habe einmal ein Interview mit einem Kardinal gehört, der sagte, dass ein Priester unter seiner Kutte immer ein Mann bleibt und dass es nicht im Interesse der Kirche ist, das zu verheimlichen. Aber beim Papst ist es etwas anderes.«

Wenn ich den Papst auf die Liste setzte, bekäme ich es vielleicht mit christlichen Fundamentalisten oder den Advokaten des Vatikans zu tun. Außerdem wäre es doch irgendwie Frevel. Wenn die Jury richtig läge, würde der Urologe des Vatikans womöglich des Geheimnisverrats bezichtigt werden. Wenn dann auch noch die ganze Welt darüber zu diskutieren anfinge, ginge womöglich das Christentum unter. Ich würde auf jeden Fall dabei untergehen.

Wenn ich statt des Papstes einen Kardinal oder Bischof auf die Liste setzte, wäre es auch nicht viel besser. Bei den Missbrauchsskandalen wäre das außerdem geschmacklos.

Wenn ich die Schwanzlänge des nordkoreanischen Diktators Kim Jong-il oder die des iranischen Präsidenten Mahmud Ahmadinedschad schätzen ließe, könnte sogar der dritte Weltkrieg ausbrechen. Aber andererseits sollte ich, der ich einen kleinen Schwanz habe und ein Arbeitsloser aus dem schönen niederösterreichischen Hainfeld bin, doch nicht meine Möglichkeiten überschätzen, die Welt zu verändern. Oder als eine Art dunkler Zauberer zu vernichten. Ich schüttelte mich, um mich von diesen Gedanken zu befreien.

Wissen ist Macht, Macht ist Geld und Geld war, was ich brauchte. Einen dritten Weltkrieg brauchte ich nicht. Mit solchen Themen wollte ich nicht versuchen, die Alimente für Fabian zu beschaffen. Das war mir zu heiß.

Jakob unterbrach meine Gedanken.

»Wieso denkst du über so etwas nach?«

Und wenn der Papst dann zwanzig Zentimeter hätte, würde die eine Zeitung in Deutschland dann titeln: »Wir sind zwanzig Zentimeter«?

»Ich hätte wirklich besser nicht darüber nachgedacht«, sagte ich. »Es fühlt sich wie eine Sünde an.«

Jakob lachte.

»Du kannst ja beichten gehen.«

»Warum, lieber Gott, darf dein höchster Vertreter auf Erden keinen Penis haben?«

»Weil Gott in Wirklichkeit doch eine Frau ist?«

Jetzt lachten wir beide.

Vielleicht sollte ich die Jury lieber berühmte Schriftsteller bewerten lassen. Aber ob das jemanden interessieren würde? »Johann Wolfgang von Goethe«, schrieb ich auf die Liste, betrachtete den Namen eine Weile und setzte dann ein Fragezeichen dahinter. Vielleicht kommt es bei Dichtern eher auf etwas anderes an.

16

Meine privaten Probleme konnte das Grübeln über die Penislängen anderer Männer nicht lösen. Ich musste wieder anfangen, mich mit meiner eigenen Penislänge zu befassen, beziehungsweise damit, es eben nicht mehr zu tun.

Seit ich beschlossen hatte, diesem großen männlichen Trauma zu entkommen, war ich keinen Millimeter weitergekommen. Meine Situation war immer noch dieselbe. Keine Arbeit, kein Erfolg als Kabarettist, keine Frau und fast kein Schwanz, nur dass ich jetzt einen Sohn hatte. Mein einst so ambitionierter Plan, ein ganzer Mann und ein großes Vorbild für mein Kind zu werden, brauchte dringend einen Neustart. Innenschau zu betreiben und herumzuphilosophieren brachte nichts. Ich benötigte handfestere Konzepte.

Zunächst schickte ich ein paar Bewerbungen an Möbelhäuser und Taxiunternehmen. Das war keine schöne Beschäftigung. Am unangenehmsten war das Warten auf die Absagen. Dann sah ich nach, was sich seit meinen letzten Versuchen auf dem Markt für Penisverlängerungen getan hatte.

Mit den althergebrachten Methoden wollte ich nichts zu tun haben. Mit jener der heiligen Sadhus zum Beispiel. Die Sadhus sind hinduistische Mönche, die mich schon in meiner Kindheit faszinierten, wenn ich Bilder von ihnen sah. Sie sind gelb und orange bemalte langhaarige und langbärtige Männer. Sadhu bedeutet »guter Mann«. Sie studieren und lehren heilige Texte und leben dabei sehr asketisch und abgeschieden. Sie sind Aussteiger, die als Heilige verehrt werden, weil sie ihrem Glauben nach die Sünden aller Menschen auf sich nehmen. Die Ent-

sagung gegenüber der weltlichen Ordnung tun manche von ihnen durch verrücktes Benehmen kund. Ähnlich den byzantinischen Säulenheiligen, die so viele Jahre wie möglich auf einer möglichst hohen Säule zu stehen entschlossen waren, stellen auch die Sadhus alle möglichen Weltrekorde auf. Einer hielt von Kindheit an seinen Arm über dem Kopf, bis der ganz vertrocknet und steif wurde. Ein anderer stand immer nur auf einem Fuß. Eine Gruppe von Sadhus war immer mit einer heiligen Kuh unterwegs, der ein zusätzliches Bein aus dem Rücken gewachsen war, und ernährte sich wie das Tier nur von Wiesengras. Von vielen Sadhus war bekannt, dass ihnen bereits im Kindesalter Gewichte an den Penis gehängt wurden, was zu Penislängen von rund fünfundvierzig Zentimetern führte. Diese Penisse mussten dann hochgebunden und in Stoffbeuteln getragen werden. Mit ziemlicher Sicherheit übertraf manch ein Sadhu-Penis sogar den von Long Dong Silver um einiges. Allerdings taugten sie wohl nicht mehr viel.

Ein ähnliches Verfahren zur Penisverlängerung wurde dem Volk der Karamojong aus dem Norden Ugandas nachgesagt, die das Glied angeblich sogar zusammengeknotet trugen. Der einzige Vorteil davon war wohl, dass diese Typen im Alter keine Probleme mit Inkontinenz bekommen konnten. Ich fragte mich, was zum Beispiel Marianna gesagt hätte, wenn ich auf Teneriffa meine Hose geöffnet und eine fast einen halben Meter lange Wurst mit einem Knopf darin herausgeholt hätte. Nicht auszudenken. Die arme Frau. Immerhin war auszuschließen, dass sich alle Karamojongs auf diese Art zierten, sonst wäre ihr Volk wohl längst ausgestorben.

Lieber fing ich mit der arabischen Jelq-Massage noch einmal ganz von vorne an. Wer ein Ziel hat, braucht Talent, Willen und Ausdauer. Eines meiner Ziele bestand darin, eines Tages im Beisein einer gut aussehenden Frau meine Hose herunterzulassen, ohne sie vorher zwanghaft mit psychologischer Spitzfindigkeit auf einen Mikropenis vorbereitet zu haben.

Ob ich Massage-Talent hatte, wusste ich nicht genau. Aber ich glaubte fest daran, dass man den Penis aufbauen kann wie einen Bizeps. Manche Typen hatten eben Bizeps von Natur aus, manche mussten sich ein wenig anstrengen, und schon sahen sie aus wie einer der Klitschko-Brüder. Andere rackerten sich mit Hanteln ab und machten Liegestütze bis zum Einknicken und blieben doch dünne Männchen.

Aber darauf wollte ich es ankommen lassen. Den Willen hatte ich. Es ging schließlich darum, ein Trauma aufzulösen, statt es womöglich an meinen Sohn weiterzugeben. Es ging im Grunde um alles. Um mein Leben. Ich wollte nicht eines Tages am Sterbebett liegen und mir denken: Wenn mein Schwanz etwas länger gewesen wäre, wäre mein Leben vielleicht ganz nett gewesen. Und es ging ja auch nur um »etwas« länger. Es ging nicht um ein medizinisches Wunder. Zweieinhalb bis drei Zentimeter, und schon wäre ich dabei, im guten Durchschnitt, dachte ich. Dann könnte ich anfangen, mich mit dem Rest von mir zu befassen.

Bei der Ausdauer hatte ich allerdings von Anfang an Zweifel. Ich trauerte den Jahren nach, in denen ich nichts getan hatte. Drei Jahre und alles wäre vielleicht jetzt schon gut. Die drei Jahre hinter mir erschienen mir so verdammt kurz, die drei vor mir so verdammt lang.

Immerhin hatte ich bei der Bahn und bei der Post strukturiert zu arbeiten gelernt, und das wandte ich jetzt auch bei der Arbeit an mir selbst an. Zuerst sah ich mir einen Haufen Videos an, in denen Männer die Melkmethode vorzeigten. Ich hoffte dabei, dass nie eine Frau auf so etwas stoßen würde. Mit den Augen einer Frau sah das alles wohl furchtbar erbärmlich aus. Wenn es funktionierte, kam es darauf aber vermutlich nicht an.

Wer ein Ziel hat, braucht auch noch Mut, und in meinem Fall war es eben der Mut zur Erbärmlichkeit. Ich ließ die Hose bis zu den Knöcheln herunter, setzte mich auf mein Bett und betrachtete mit einem Seufzen meinen Schwanz.

»Du machst es mir nicht leicht«, sagte ich zu ihm.

Ich formte mit dem Daumen und dem Zeigefinger meiner rechten Hand einen Kreis, um damit die Durchblutung ein wenig anzuregen. Mein Schwanz reagierte folgsam. Es wunderte mich in diesem Moment beinahe.

»Ich weiß, dass ich es dir auch nicht leicht mache«, sagte ich zu ihm.

Ich unterbrach die Prozedur noch einmal, um mich meiner Hose gänzlich zu entledigen und meine Tür abzuschließen. Ich stellte mir vor, wie meine Großmutter wieder einmal hereinkommt, ich vor Schreck über meine Hose stolpere und mit nacktem Unterleib der Länge nach hinschlage, während sie auf ihre naive Art die Sache auf den Punkt bringt: »Es klappt wohl nun doch wieder nicht so gut mit den Frauen.«

Eine Weile melkte ich vor mich hin. Was für eine stupide Tätigkeit. Ein Mann, der seinen Schwanz melkt, kann dabei nicht einmal intelligente Überlegungen anstellen, über seine Zukunft zum Beispiel.

Schließlich kam ich auf die Idee, das Melken mit einem anderen Training zu kombinieren. Demnächst würde ich mit meinem schon fertigen Programm »Workaholic« bei einem Wettbewerb für Nachwuchskabarettisten teilnehmen, und dafür gab es noch einiges Grundlegendes zu tun. Mein Vater meinte immer, dass ich unbedingt darauf achten sollte, nicht mit der Zunge zu schnalzen und an den Satzanfängen keinesfalls leise Schmatzgeräusche zu machen. Die würden durch das Mikrofon extrem verstärkt und ziemlich penetrant klingen.

Während ich mit einer Hand melkte, schlug ich mit der anderen einen Band mit Liebesgedichten auf, den mir Sabine zum neunzehnten Geburtstag geschenkt hatte. Sie hat mir oft daraus vorgelesen. Ich erinnerte mich an ihre Stimme, mit der Rechten am Schwanzansatz. Jetzt würde ich diesen Band für Sprachübungen gebrauchen. Weil ich nur eine Hand frei hatte, begann ich dort zu lesen, wo sich das Buch zufällig aufgeschlagen hatte.

Joachim Ringelnatz:
Ich habe dich so lieb

Ich habe dich so lieb!
Ich würde dir ohne Bedenken
Eine Kachel aus meinem Ofen
Schenken.

Ich habe dir nichts getan.
Nun ist mir traurig zu Mut.
An den Hängen der Eisenbahn
Leuchtet der Ginster so gut.

Vorbei – verjährt –
Doch nimmer vergessen.
Ich reise.
Alles, was lange währt,
Ist leise. (…)

»Schön!«, hörte ich auf einmal die vertraute Stimme meiner Großmutter.

Ich fiel beinahe in Ohnmacht.

Als hätte ich es geahnt, stand sie draußen vor der Tür und drückte die Klinke nach unten.

»Ich übe, Oma«, sagte ich laut.

»Gut so, lieber Stefan«, sagte sie. »Mach nur was Ordentliches aus dir.«

Danke, lieber Gott, dass du mich die Tür abschließen hast lassen, dachte ich, während ich nach dem ersten Schreck weitermelkte. Wenn meine Großmutter mich erwischt hätte, wäre ich sicher ratlos gewesen. Ich hätte nicht gewusst, was ich ihr sagen hätte können.

»Die Zeiten sind jetzt eben so.«

Das hätte ich sagen können. Es stimmte ja auch. Früher war das mit der Liebe wohl einfacher. Früher hatte eine Frau einen Mann und ein Mann einen Schwanz. Die drei mussten sehen, wie sie miteinander zurechtkamen. Mangels Promiskuität hatten die Frauen keine Penislängenmaßstäbe in Form zahlreicher vorangegangener Liebhaber und die Männer mangels Internet keinen Vergleich zu ihrem eigenen Ding in Form allgegenwärtiger Pornos. Die erotische Welt eines Paares war ein geschlossenes System mit seinen eigenen Maßstäben. In der Zeit der großen Verliebtheit lernte man, sich so viel wie möglich voneinander zu holen, und das versuchte man sich für den Rest des Lebens zu behalten.

»Oma?«

Sie war schon wieder in die Küche gegangen. Vermutlich hatte sie die Schwanzlänge meines Großvaters ihr Leben lang nicht hinterfragt.

Rainer Maria Rilke:
Schwindende

Schwindende du kennst die Türme nicht.
Doch nun sollst du einen Turm gewahren
mit dem wunderbaren
Raum in dir. Verschließ dein Angesicht.
Aufgerichtet hast du ihn
ahnungslos mit Blick und Wink und Wendung.
Plötzlich starrt er von Vollendung,
und ich, Seliger, darf ihn beziehn. (...)

Die guten alten Zeiten. Damals konnte man noch ohne Bedenken seine eigenen Türme beziehen. Aber ich stand im unerbittlichen Konkurrenzkampf einer Informationsgesellschaft, in der die Schwanzlänge eines Mannes immer transparenter wurde. Frauen redeten immer hemmungsloser darüber, und wenn einer einen besonders großen oder einen besonders kleinen hatte, verbreitete sich die Nachricht in Windeseile, und sei es per SMS.

»Hey Inge! Carl gefickt. 30. Mindestens :-).«

Oder so ähnlich.

Das war erst der Anfang. Keith Richards hatte als Erster mit dem Schwanzlängenouting eines Freundes Geschäfte gemacht, ein Trend, der sich zweifellos ausweiten würde. Hätte Bohlen einen kleinen Schwanz, hätte ihn garantiert schon eine seiner dutzenden Liebschaften gegen gutes Geld geoutet. Und so würde es weitergehen. Irgendwann gehörten Schwanzlängenangaben dann vielleicht zur Kultur. Irgendwann müssten politische Spitzenkandidaten vor den Wahlen ihre Schwanzlängen angeben und mit urologischen Gutachten belegen, und wenn es bei einem nicht reichte, war er weg vom Fenster. Dann wäre das Risiko zu groß, in die Politik einzusteigen. Und irgendwann würden vielleicht die Schwanzlängen von Barack Obama und Mahmud Ahmadinedschad aufs Tapet kommen, und dann würde sich etwas im weltpolitischen Gefüge ändern.

17

Gedichte rezitieren und Melken war auf die Dauer doch nicht unter einen Hut zu bringen. Ich legte das Buch beiseite und beschloss, zur Abwechslung die Methode zu ändern. Einem anderen Video folgend glitt ich nun nicht mehr so am Schwanz entlang, dass sich die Vorhaut mitbewegte, sondern hielt sie mit einer Hand am Penisansatz fest und melkte mit der anderen. Das ginge besser mit Gleitgel, dachte ich. Ich betrachtete mich im Spiegel.

»Kannst du dir in die Augen sehen, Stefan?«, fragte mich mein Spiegelbild.

»Ja«, antwortete ich und machte unbekümmert weiter.

»Könntest du auch Sabine in die Augen sehen, wenn sie jetzt hier vor dir stehen würde?«, fragte mein Spiegelbild.

Ich zögerte ein bisschen.

»Ja«, sagte ich schließlich.

Ein Mann, der ein Problem anpackt, muss sich nie schämen.

Ich probierte auch noch die Variante, bei der man abwechselnd mit der einen und dann mit der anderen Hand die Melkbewegung durchführt. Das hat den Vorteil, dass der Druck im Schwanz ständig hoch bleibt, weil es keinen Zeitpunkt gibt, an dem ihn eine Hand loslassen würde. Durch das Stauen des Blutes sollte der Schwanz dicker und länger werden. Zuerst machte ich das ohne Gleitgel und dann mit, wobei die zweite Version ein bisschen mehr Charme hatte. Ohne Gleitgel nahmen die Finger die Vorhaut mit, was das Umgreifen erschwerte. Mit Gleitmittel ging die ganze Sache nicht nur glatter, sondern auch bedeutend schneller.

Rasch stellte sich eine gewisse Routine ein.

Aber schon am dritten Tag befürchtete ich, dass es mir bald langweilig werden würde und dass ich niemals durchhalten könnte, diese Übungen drei Jahre lang zu machen.

Außerdem musste ich mir die Frage stellen, wie es mit mir nach diesen drei Jahren überhaupt aussehen würde. Ich würde siebenundzwanzig sein, also schon ziemlich alt. Wenn ich es mit siebenundzwanzig noch nicht geschafft hätte, wäre es vielleicht schon zu spät. Mit »es« meinte ich alles, mein ganzes Leben. Sabine würde dann schon in irgendeinem Häuschen mit Pool leben, einen Hund haben und mit einem Mann mit einem mindestens Zweiundzwanzig-Zentimeter-Ding verheiratet sein. Ein Gedanke traf mich dabei wie ein Schicksalsschlag. Ein Zweiundzwanzig-Zentimeter-Schwanz gilt noch nicht einmal als übermäßig riesig, und trotzdem ist er doppelt so lang wie meiner.

Ich suchte nach einer anderen Methode, machte mich schlau, wie diese Massagen überhaupt wirken.

Ich stieß auf ein Verfahren, das schlicht als Stretching bezeichnet wird und ging wieder genau nach einem entsprechenden Video vor. Ich zog einfach an meinem Schwanz, indem ich ihn wieder mit einem Daumen-Zeigefinger-Ring an der Eichel festhielt.

Der Typ in dem Video erklärte, dass der Penis an der Bauchseite durch ein organisches Halteband, das er flüssig wie ein echter Lateiner »Suspensorium ligamentum penis« nannte, am Körper befestigt sei. Dieses Band soll durch das Ziehen gedehnt werden. Der Effekt ist, dass der Schwanz dadurch weiter aus dem Körper heraustritt.

Außerdem sollte es durch das Stretching zu Mikrorissen im Gewebe kommen. Dabei bildet sich angeblich wie bei Narben

14 15 16 17 18 19 20 21 22 23 24 25

▲ *John F. Kennedy*

neues Gewebe, das den Penis verlängert. Mir sollte es recht sein. Wenn mein Schwanz dafür länger wurde, sollte er eben ein Narbenschwanz sein. Das merkte ja keiner. Der Schauspieler und Muskelmann Danny Trejo, der neuerdings auf den Kinoleinwänden mit seiner gewaltigen Machete seine Gegner zerstückelt, hat vielleicht auch nicht nur ein vernarbtes Gesicht.

»Es tut mir leid«, sagte ich zu meinem Schwanz.

Ich folgte dem Rat des Stretching-Meisters und wärmte mein Stück vorher unter der Dusche auf. Angeblich heilten durch die so erreichte bessere Durchblutung nachher auch die Mikrorisse schneller. Zudem wurde die Haut weicher und dehnbarer. Auf die Pflegeöle, die der Meister empfahl, um Hautirritationen zu verhindern, verzichtete ich aber. Ich hätte den Alibert meiner Mutter plündern müssen und es gab eine Grenze an Erbärmlichkeit. Ich variierte die Stretching-Übung und zog nach links, rechts, oben und unten.

Das war noch nicht alles. Es gab auch noch die Variante »Helicopter Stretch«. Ich zog an meinem Schwanz und drehte ihn dabei im Uhrzeigersinn im Kreis. Zwischendurch ging ich immer wieder zur Tür und vergewisserte mich, dass sie verschlossen war. Dass mich meine Großmutter sehen könnte, verunsicherte mich gar nicht mehr so sehr. Aber in meiner Fantasie war Sabine wieder präsenter. Und es könnte ja sein, dass sie ganz zufällig bei mir zu Hause auftauchen und mich bei der »Helicopter«-Sache überraschen würde.

Immerhin war jetzt mein Leben um ein paar Abwechslungen reicher geworden.

Einige Tage später versuchte ich es mit dem »Bundled Stretch«. Das war schon ziemlich komplex. Ich drehte meinen Schwanz zuerst um die eigene Achse, als würde ich nasse Wäsche auswringen. Dann zog ich ihn in verschiedene Richtungen und schließlich im Kreis. Von Mikronarben bekam ich nichts mit, aber das war auch nicht vorgesehen. Bald konnte ich mir allerdings nicht mehr vorstellen, mit dem Ding, das ich dermaßen malträtierte, irgendwann wieder Sex zu haben.

18

Zwei Wochen lang fand ich für jeden Tag etwas Neues. Zum Beispiel den »Inner Penis Stretch«. Er verlangte mir Aufmerksamkeit und Fingerspitzengefühl ab. Mit beiden Händen widmete ich mich dabei der Dehnung einzelner Abschnitte meines Schwanzes, der so behandelt zwischendurch Lebenszeichen von sich gab, indem er sich aufbäumte.

Danach probierte ich die Variante »A-Stretch«. Dabei musste ich mir den Penis auf das Handgelenk der einen Hand legen, um sie gleichsam als Hebel zu benutzen, und mit der anderen anziehen. Der Schwanz biegt sich auf diese Art sozusagen um die Kurve. Durch die Hebelwirkung kann man so mit weniger Zug eine höhere Wirkung erzielen. Als »A-Stretch« wird das Ganze deshalb bezeichnet, weil die Unterarme und der Schwanz dabei so etwas wie ein A bilden. Ich blieb bei meinem Schwanztraining immer vorsichtig, um nicht noch einmal eine medizinische Behandlung in Anspruch nehmen zu müssen.

Wenn ich eine Übung zweihundert Mal am Stück wiederholen musste, dachte ich manchmal, dass es aufregender wäre, mit den Ohren wackeln zu lernen. Eine solche Fähigkeit könnte man immerhin unter Umständen auch bei Kabarettauftritten einfließen lassen.

Je mehr ich mich in die Materie vertiefte, desto klarer wurde mir, was für ein globales und tief in die Seele von hunderten Millionen Männern reichendes Problem die Schwanzlänge ist. In Internetforen entwickeln selbsternannte Schwanzlängenexperten auf Basis eigener Erfahrungen neue Kombinationsmassagen, die sie dann nach ihren eigenen Nicknames taufen.

Einige dieser Typen haben schon Kultstatus und werden wie richtige Wissenschaftler gehandelt.

Wahrscheinlich ist es in der Geschichte nie anders gewesen, bloß haben sich die Männer in anderen Foren darüber unterhalten. Zum Beispiel auf dem Forum Romanum oder auf den öffentlichen Latrinen im antiken Rom. Oder in den Philosophenzirkeln, in denen bärtige Männer neue politische Systeme entwarfen. Oder in den Kommandozelten der großen Heerführer und Diktatoren, wenn eigentlich die Besprechung einer kommenden Schlacht auf dem Plan stand.

Mit großen Heerführern und ähnlichen verlorenen Existenzen hatte ich jedenfalls kein Mitleid. Über deren Schwanzlängen würde ich die Welt ohne schlechtes Gewissen informieren. Ich hatte bereits hundertfünfundfünfzig Mal an meinem Stück gedreht und legte eine kurze Pause ein, um meine Liste mit folgenden Namen zu erweitern.

Julius Cäsar, Nero, Adolf Hitler, Winston Churchill, Mao Zedong, Benito Mussolini, Napoleon.

Bei Napoleon ließen sich Rückschlüsse auf den französischen Präsidenten Nicolas Sarkozy ziehen, der ja einen besonderen Umgang mit seinen Maßen pflegt. Ich hatte gehört, dass er jegliche Veröffentlichung seiner Körpergröße verboten hat. Vielleicht war es an der Zeit, dem Herrn ein bisschen auf die Sprünge zu helfen. Jedenfalls ließe sich mit einer so konzipierten Liste womöglich ein ganz neuer Blick auf die Weltgeschichte werfen. Das wäre immerhin ein erhabeneres Vorhaben, als die ganze Zeit die Glitzerwelt und die Stars aus Musik und Fernsehen zu strapazieren. Die verändern die Weltgeschichte schließlich kaum bis gar nicht. Und außerdem werden sie ohnehin pausenlos von ihren Exfrauen und ehemaligen besten Freunden geoutet.

▲ *Benito Mussolini*

Einige der Methoden, die ich an mir erprobte, waren trotz all meiner Vorsicht riskant. So gibt es eine besonders grausame Variante der Jelq-Massage, die nach einem Forumsbenutzer »Uli-Massage« genannt wird. Ich würgte entsprechend der Anleitung meinen halbsteifen Schwanz am Ansatz mit der Hand ab, bis er sich ordentlich mit Blut gefüllt hatte. Dann drückte ich einige Male fest zu. Die Eichel vergrößerte sich dabei wie ein Luftballon.

Noch etwas grausamer ist die Variante namens »Horse440«. Dabei musste ich meinen Schwanz mit der einen Hand am Ansatz wieder kraftvoll abwürgen und mit der anderen Hand wie bei der Jelq-Massage das Blut nach oben zur Eichel pressen. Eigentlich war das ziemlich ähnlich wie mein erster Versuch mit dem Kugellager. Nur dass man bei »Horse440« eben seine eigene Hand, mit der man jederzeit loslassen kann, als Penisring verwendet und nicht ein Teil aus massivem Edelstahl.

Ziemlich riskant ist auch die sogenannte »Bend-Übung«, also »Biege-Übung«, die eine Erektion voraussetzt. Dabei bog ich meinen steifen Schwanz mit beiden Händen in verschiedene Richtungen. Ich tat es ganz langsam und mit der größten Konzentration, denn dabei können der Schwellkörper oder die Membran rundherum einreißen, und ich wollte nicht wie Bohlen schreiend ins Bad rennen müssen. Das hätte meine Familie sicher mitbekommen. Außerdem wollte ich natürlich keinesfalls erleben müssen, was Bohlen bei seinem Penisbruch durchgemacht hat. Bei einer solchen Verletzung tritt das Blut aus dem Schwellkörper aus, wodurch sich der gesamte Schwanz dunkelviolett färbt. Wird der Patient nicht schnell operiert, können eine Verkrümmung, eine Harnröhrenverengung oder Erektionsprobleme die Folge sein.

Zu Gefäß- und Gewebeschäden kann aber jede dieser Übungen führen. In einigen Foren hatte ich gelesen, dass sich bei vielen Männern durch die Übungen die Position der Hoden verändert. Einer berichtete stolz, sich nach einiger Zeit Gewichte gebastelt zu haben, um die Hoden wieder in die normale Stellung zu bringen.

Bei den Übungen ging es nicht immer nur um Länge, sondern etwa auch um eine Verstärkung der Erektion und um Breite. Und um die Weite auch, um die Ejakulationsweite nämlich. Der Urologe Arnold Kegel hat der männlichen Hälfte der Welt hierzu die »Kegel-Methode« geschenkt. Sie basiert auf einem Training des zwischen Scham und Steißbein gelegenen Muskels, auch »Musculus pubococcygeus« genannt.

Ursprünglich war diese Übung für inkontinente Frauen gedacht. Heute dient diese Übung auch dem Zweck, dass Frauen beim Sex den Schwanz des Partners fester umfassen können und den Orgasmus intensiver erleben.

Wenn Männer diesen Muskel trainieren, können sie mehr Blut in ihren Schwanz pumpen, ohne ihn dabei anfassen zu müssen. Wenn man dabei einen Ständer hat, wippt er leicht auf und ab. Für mich hatte die Übung den Vorteil, dass sie sich tatsächlich überall durchführen ließ, zum Beispiel im Bus oder auch beim Fernsehen im Sessel inmitten meiner Familie. Es war ganz einfach. Ich stellte mir vor, dass ich gerade Wasser ließ und den Harnfluss unterbrechen wollte.

Nach einiger Übung lassen sich sportliche Meisterleistungen mit dem Schwanz vollbringen. In einem Video hatte ich einen Typen gesehen, der mit seinem steifen Schwanz einen aufgeschlagenen Wälzer hob, der aussah wie eine Gesamtausgabe von »Harry Potter«. Ich probierte es mit einem Taschenbuch. Es war ein kleines Taschenbuch von Paolo Coelho. Es klappte auch. Ein erstes Erfolgserlebnis. Ich fühlte mich wie ein Supermann. Das sollte ein echter Supermann einmal nachmachen. Ich nahm meine Liste zur Hand und schrieb darauf:

Wladimir Klitschko, Vitali Klitschko, Nikolai Walujew, Paolo Coelho.

Dann setzte ich wieder zwei Fragezeichen dahinter. Bohlen würde mich wenigstens nur verklagen, wenn ich seinem besten Stück zu nahe treten würde. Aber ein Boxer? Der könnte mir auch wehtun! Hätten die Klitschkos wohl Verständnis für meine Suche nach der Wahrheit über das männliche Geschlechtsteil? Der grimmige Walujew sicher nicht. Coelhos Schwanzlänge wollte ich auch nicht so gern behandeln. Der hat sicher ganz besondere spirituelle Kräfte, mit denen er mich womöglich verfluchen könnte.

Nach der Kegelmethode suchte ich wieder neue Herausforderungen, aber es wurde immer schwieriger und gewagter. Zum Beispiel landete ich bei der Kombinationsübung »DLD-Blaster«. »DLD« steht für »Double Long Daddy«, was wiederum der Nickname des Erfinders ist. Der hat eine eigene Internetseite mit zahlreichen Foren und einem eigenen Bereich, für den man zahlen muss. Dort sind die richtigen Geheimnisse zu erfahren. Der »DLD-Blaster« ist eines davon.

Es fängt mit Aufwärm- und Stretch-Übungen an, wobei der Schwanz nach oben zum Bauch hingezogen werden muss. Während des Ziehens spannte ich der Anleitung gemäß genau hundertmal den »Musculus pubococcygeus« an, wobei ich das letzte Anspannen etwa zwanzig Sekunden aushalten musste. Also Stretching plus »Kegeln« in einer Art Version »plus extra forte«.

Daraufhin war für einige Sekunden die Methode »Reverse Kegel« anzuwenden. Statt so zu tun, als würde ich den Harn anhalten, musste ich so tun, als würde ich ihn fest hinauspressen wollen. Danach kam alles praktisch gleichzeitig: »Kegel« abwechselnd mit »Reverse Kegel«, dabei ziehen, wobei bei »Reverse Kegel« der Zug mit der Hand zu verstärken war. Das Konzept dahinter bestand darin, den Musculus zu ermüden, um ihn und damit auch das Halteband besser dehnen zu können.

Irgendwann hatte ich alle Varianten aller Methoden, die ich finden konnte, mehrmals angewandt, und mein Schwanz war nicht messbar anders geworden, obwohl ich mir zumindest einen halben Zentimeter gerne eingebildet hätte.

Mangels einer besseren Idee machte ich trotzdem weiter und fragte mich, ob es all den Typen in den Schwanzlängenforen genauso geht.

Bald schien mir, dass die Methoden zur Schwanzverlängerung vielleicht genauso sinnlos sind wie die Mittelchen gegen Falten, die die Kosmetikindustrie Frauen einredet. Frauen verzweifeln an ihren Faltern und die Kosmetikindustrie liefert ihnen etwas, womit sie zumindest irgendetwas dagegen tun können. Das funktioniert zwar nicht, aber es nützt trotzdem allen Beteiligten. Der Kosmetikindustrie, weil sie damit Milliarden scheffelt, und den Frauen, weil sie sich nicht so allein mit ihrem Problem fühlen und eine Art Beschäftigungstherapie haben.

Ich zumindest empfand gerade die Beschäftigung mit meinem Schwanz als eine solche. Das Schwanzlängengeschäft allerdings ist vergleichsweise unterentwickelt, aber es funktioniert nach dem gleichen Muster. Die ein Problem haben, bekommen etwas zu tun. Das funktioniert zwar anscheinend auch nicht, aber es fühlt sich doch an, als hätte man die Sache ein bisschen im Griff.

Mangels besserer Ideen würgte, stretchte, drehte, massierte und presste ich weiter, aber ich wusste schon, dass ich mich auf Dauer nicht damit abspeisen lassen würde. Ich hatte die Sache nun einmal durchschaut. Ich war bereit, mich noch eine Weile zu belügen. Aber eine Lösung meines Problems würde ich so nie finden.

19

Der Wettbewerb für Nachwuchskabarettisten fand mit Publikumswahl statt. Es gewann also, wer die meisten und lautesten Freunde hatte. Ich ließ eine Weile von meinem Genitalbereich ab und telefonierte alle meine Freunde durch. Fast vierzig waren es schließlich, die ich in Hainfeld und Umgebung mit Hilfe von Jakob und meinem Vater zusammentrommelte.

Etwa einen Monat vor dem Wettbewerb hatte ich mein Programm »Workaholic« noch einmal bei einem Bierfest erprobt. Es war schon ziemlich kalt, ich war auch skeptisch, ob das Publikum aufmerksam sein würde. Aber das Honorar stimmte. Es war eigentlich so etwas wie meine erste Auftragsaufführung.

Aber entweder war mein Text nicht gut, oder ich schaffte es an diesem Tag nicht, die Pointen gut zu bringen. Die Bühne war im größten von drei Bierzelten aufgestellt. Zahlreiche Lautsprecher verstärkten meine Stimme über ein Headset-Mikrofon. Die Kommentare waren eindeutig.

»Hör bitte zu labern auf.«

Ich machte auf professionell, spulte mein Programm ab.

Ich fragte mich, wie ich eigentlich zu einer Schwanzlängenjury kommen könnte. Am besten, ich rief in einem Bordell an. Man brauchte vermutlich Kontakte. Wer hatte Kontakte zu einem Bordell?

»Halt die Klappe.«

Zahlen konnte ich nicht viel. Ich konnte nur möglichst detailliertes Bildmaterial besorgen. Wenn eine Frau einem Mann seine Schwanzlänge ansehen konnte, dann wohl auch auf Fotos. Vielleicht sogar auf Zeichnungen. Es ging ja wahrscheinlich um den Gesamteindruck. Ich würde je fünf Bilder von fünfzig Personen zusammenstellen und sie der Jury präsentieren.

»Was quakst du da oben eigentlich?«

Kurz befürchtete ich, das Mikro und die Boxen seien ausgefallen. Aber nein, überall dröhnte meine Stimme. Ich spürte mich nur selbst nicht, und deshalb hatte ich mich auch nicht gehört. Vielleicht hatte ich einfach zu lang versucht, meinen Unterleib zu manipulieren. Ich sah meinen Vater aufmunternd nicken, aber ich fühlte mich nicht besser dadurch.

Wie viel verlangte eigentlich eine intelligente Prostituierte mit mehrjähriger Erfahrung für eine Stunde, wenn sie nichts besonders Schmutziges tun musste? Das Dreifache davon waren im Prinzip die Maximalkosten für mein Vorhaben.

Mein Vater beantwortete die Frage, wie ich gewesen sei, ausweichend.

»Du warst super«, sagte er. Wenn er »gut« meinte, sagte er niemals »super«.

»Und das mit dem Schmatzen?«

»Daran musst du noch arbeiten.«

»Und die Pointen?«

»Wie ich immer sage: Eine gute Pointe musst du zelebrieren wie einen Gottesdienst.«

»Das heute war eher eine Totenmesse.«

Er lachte.

Aber beim Wettbewerb war das Publikum anders. Es tobte und ließ mich den ersten Preis gewinnen.

Mein Glück war auch, dass alles schiefging und ich trotzdem oder gerade deshalb locker blieb. Zuerst hatte ich das unerträglichste Lampenfieber meines Lebens. Ich dachte an Elvis Presley, dem es angeblich auch immer so gegangen ist.

Vor mir redete ein Mitbewerber über Barbie-Puppen und eine junge Künstlerin widmete sich diversen Sex-Stellungen, rein verbal natürlich. Ich konnte ihren Ausführungen kaum folgen und beschloss, mich einmal statt mit Penislängen eingehend mit der Materie Liebeskunst auseinanderzusetzen. Aber erst, wenn eine Frau in Reichweite wäre.

Dann fiel ausgerechnet der Ton aus, als ich an die Reihe kam. Ich improvisierte und erzählte etwas von den heiligen Sadhus, die ohne Mikro live mit ihrem Gott im Himmel reden konnten. Als die Boxen wieder summten, war mir schließlich mein eigentlicher Text entfallen und ich improvisierte wieder.

Oh, das bin ja ich, dachte ich, als die Jury aufgrund der gemessenen Dezibel einen gewissen Stefan Scheiblecker als Sieger verkündete. Jakob schwor, dass das vor allem an der ohrenbetäubenden Klatschtechnik lag, die er noch am Vorabend einstudiert hatte.

Mein Preis kam auch gleich auf die Bühne. Es handelte sich um einen ganz in orange gekleideten Regisseur mit norddeutschem Akzent.

»Wir beide werden einen weiten Weg zu gehen haben«, sagte er auf der Bühne.

»Dieses Bäurisch, das du da sprichst, musst du dir abgewöhnen«, sagte er hinter der Bühne.

Etwas später empfahl er mir einen norddeutschen Akzent wie den seinen. Derlei lasse sich trainieren.

»So teuer ist das gar nicht«, sagte er. »Ich kenn da einen Sprachlehrer. Ein guter Freund von mir. Für fünfzig Euro die Stunde bist du dabei.«

Das konnte ich mir im Moment nun wirklich nicht leisten.

Aber die Arbeit mit dem Regisseur nahm ich begeistert auf. Ich fuhr zu den Proben jede Woche nach Wien.

Als ich den Text des Workaholic-Programms mit ihm neu bearbeitete, legte er die Stirn in Falten.

»Du hast ganz gute Ansätze«, sagte er. »Aber Kunst ist das noch lange keine.«

Jeden Satz wollte er umformulieren, jedes zweite Wort war ihm nicht recht, und nach einigen gröberen Auseinandersetzungen war ich nicht mehr so begeistert von ihm.

Ich fiel wieder in meine kleinen Depressionen zurück. Meine Gedanken kreisten bald wieder um meinen Schwanz. Wenn sich dieses Problem nicht mit Beharrlichkeit und Ausdauer lösen ließ, musste ich bei seiner Lösung neue Saiten aufziehen. Auf dem Weg zu den Proben mit meinem orangefarbenen Regisseur war mir schon mehrmals eine altmodische, verschlafene Apotheke aufgefallen. Ein paar Mal war ich dort, um im letzten Moment doch daran vorbeizugehen.

»Ich tue es irgendwie für dich, Fabian«, dachte ich, als ich schließlich eintrat.

20

»Guten Morgen. Ich bin Student. Ich studiere so ein Fach und da würde ich gerne etwas wissen.«

Es geht nicht so sehr darum, was man sagt. Es geht viel eher darum, welche Figur man dabei macht. Wer mit dem nötigen Maß an Souveränität auftritt, wird immer ernstgenommen. Trotzdem hatte ich gewartet, bis die Apotheke leer war. Meine Stimme klang ziemlich laut. Ich versuchte, sie zu dämpfen, was sie heiser klingen ließ.

»Guten Tag«, sagte die Apothekerin freundlich.

Zweifellos war ich nicht der einzige Kunde, der bei seiner Frage nach einem peinlichen Produkt Studien und Ähnliches vorgab. Als ich das erste Mal Kondome kaufte, hatte ich der Verkäuferin in der Drogerie auch versichert, dass ich sie als Luftballons verwenden wolle. Und als ich sie das zweite Mal in einem großen anonymen Drogeriemarkt kaufte, hatte ich den Einkaufskorb zuerst bis oben hin mit Putzmitteln, Zahnbürsten, Küchenschwämmen und Katzenfutter gefüllt, um die Kondompackung zu verbergen. Dabei besaß ich gar keine Katze. Ich schenkte das Futter dann dem Besitzer von Lilly. Auch jetzt machte mir das kleine Tarnmanöver trotz seiner Durchschaubarkeit das Leben leichter.

»Ich muss so eine Studie machen«, sagte ich. »Vielleicht können Sie mir helfen. Es geht um Penisverlängerungsmethoden.«

»Aha, und was wollen Sie wissen?«

»Ob es Medikamente gibt oder andere Produkte, Pumpen oder so, die man in einer Apotheke erwerben könnte.«

»Ich frage mal nach.«

Sie ging nach hinten, um sich mit einem Kollegen zu beraten. Er warf mir einen Blick zu. Der hatte nichts Abschätziges oder Amüsiertes.

Als hinter mir gleich zwei Mal die Tür aufging und neue Kunden hereinkamen, fühlte ich mich trotzdem umzingelt. Einfach zu gehen wäre eine gute Idee gewesen. Ich raffte mich nur nicht schnell genug dazu auf. Außerdem wollte ich nicht, dass sie hinter meinem Rücken dann doch lachten. Apotheker haben es schließlich mit jeder Art von menschlichen Problemen zu tun. Harnwegsentzündungen, Vaginaljucken, Dauererektion, Hämorrhoiden und so weiter. Apotheker unterscheiden vermutlich nur zwischen Menschen, die zu ihrem Problem stehen, und solchen, die es nicht tun. Peinlich ist nichts außer davonrennen.

»Lagernd haben wir leider nichts«, sagte die Apothekerin, als sie zurückkam. »Ich frage aber gerne beim Großhändler nach.«

Ihre Art war so natürlich, dass die Situation mit einem Mal gar nicht mehr so unangenehm war. Ich war auf jeden Fall dankbar dafür, dass sie die Worte »Penis« und »Verlängerung« nicht benützte. Ihr Kollege bediente inzwischen an einer zweiten Kassa die anderen Kunden.

Ich nickte.

Während sie wieder hinten war, las ich die Etiketten der Kräutertees durch. Es gab einen Tee für den Magen-Darm-Trakt, einen für die Gelenke, einen für gute Stimmung, einen für die Blase und einen für Prostatapflege, aber natürlich keinen zur Penisverlängerung. Das wäre mein Traum gewesen. Täglich drei Tassen Tee trinken und davon einen längeren Schwanz bekommen. Ich hätte nichts anderes mehr getrunken. Ich hätte darin gebadet. Aber das männliche Glied ist vermutlich zugleich die Grenze der Schul- sowie jeder anderen Art der Medizin. Man soll aber die Hoffnung nicht aufgeben. Bei Potenzproblemen schließlich hat auch niemand gedacht, dass sie sich eines Tages so simpel durch Tabletten beseitigen lassen werden. Bis dann Testpersonen für neu entwickelte Herzmedikamente feststellten, dass sie plötzlich vögeln konnten wie die Teufel. Wie gesund das ist, weiß zwar noch immer niemand so genau. Aber Pharmafirmen können sich Gutachten jeden beliebigen Inhaltes leisten. Und für einen längeren Schwanz hätte ich, wie viele andere sicher auch, ein bisschen Herzinfarkt- oder Schlaganfallgefahr jederzeit gerne in Kauf genommen.

Die Apothekerin kehrte zurück und bat mich zu einem anderen Schalter, wo sie die Stimme leicht senkte, ohne deshalb verschwörerisch zu klingen.

»Der Großhändler meint, dass es in Österreich nichts für Apotheken gibt. Höchstens, wenn Sie Erektionsprobleme haben, dann sollten Sie mit Ihrem Arzt reden. Das ist heute kein Problem mehr, da gibt es Viagra.«

»Nein, Erektionsschwierigkeiten habe ich keine. Ich dachte nur – haben Sie vielleicht zumindest eine Vakuumpumpe?«

Jetzt wurde ich doch rot.

»Da sollten Sie lieber im Sex-Shop vorbeischauen.«

Jetzt war ohnehin schon alles egal.

»Und durchblutungsfördernde Mittel?«, fragte ich.

»Die haben wir natürlich. Aber zur Penisverlängerung kann ich die nicht empfehlen.«

Ich seufzte.

»Gegen frühzeitige Ejakulation hätten wir etwas«, sagte sie.

»Daran leide ich auch nicht«, erklärte ich.

Lächelnd reichte sie mir einen Zettel, auf dem eine Internetadresse stand.

»Vielleicht machen Sie sich auf der Seite dieser Firma schlau«, sagte sie. »Die stellen dort so ein Gerät her.«

»Und funktioniert das?«

»Keine Ahnung.«

Ich hatte die Kurve gekratzt. Mein Gesicht war wieder normal durchblutet. Ich schob wieder diese Studie vor.

»Würden Sie es also einem Kunden nicht empfehlen?«

»Nein. Ich würde mir oder meinem Lebensgefährten für das Geld etwas anderes kaufen.«

21

Zu Hause gab ich natürlich trotzdem sofort die Seite im Internet ein. Die Firma war ursprünglich auf Malta gegründet worden und hatte inzwischen Vertretungen auf der ganzen Welt.

Ihr Produkt ist eine Art festes Kondom, das es in verschiedenen Größen gibt. Man zieht es über und saugt dann mit einem Pumpball die Luft ab. Anschließend verbindet man die Spitze des Kondoms mit einem Gummiriemen, den man auf der linken oder rechten Seite an einem dafür vorgesehenen Gürtel befestigt. Auf diese Art soll es zu einem gleichmäßigen Zug in die Länge kommen. Wie bei den Massagen sollen Mikrorisse und zusätzliche Zellen entstehen. Der Unterdruck im Gummikondom soll außerdem die Breite des Penis optimieren.

Damit das Ganze möglichst schmerzfrei vonstattengeht, gibt es noch eine Schutzkappe für die Eichel, die unter dem Kondom getragen und als »Soft-Power-Vorrichtung« bezeichnet wird.

Es sei ähnlich wie bei der Behandlung eines zu kurz geratenen Beins, dessen Knochen durchtrennt werden und das dann mit einem Gewinde gleichmäßig in die Länge gezogen wird. Der Vergleich schien mir im wahrsten Sinn des Wortes zu hinken, da es ja im Penis keinen Knochen gibt, der durchtrennt werden könnte. Aber wenn es funktionierte, war es mir egal, wie plausibel die Begründung war.

Zumal es bei korrekter Anwendung angeblich keine Nebenwirkungen gibt. Das stand in großen Buchstaben dort. Ganz klein darunter war allerdings von Problemchen bei unsachgemäßem oder übertriebenem Gebrauch zu lesen. Thrombosen und Blutgerinnsel könnten sich bilden, die ließen sich aber problemlos operativ entfernen. Von Krampfadern stand nichts da. Aber ich fürchtete, dass das nicht ganz der Wahrheit entsprach. Immerhin hatte ich in einem Internet-Forum Beiträge gelesen, in denen sich Männer über diese Nebenwirkung von Massagen und Pumpen beschwerten. Und zu anderen kleinen Gefäßschäden wie Hämatomen konnte es bestimmt auch kommen.

Meine Zweifel wuchsen weiter, als ich las, dass das Produkt in allen Apotheken Deutschlands, Österreichs und der Schweiz erhältlich sei. Das konnte nicht stimmen, wie ich inzwischen wusste.

Und dann verwies die Firma auch noch auf das Volk der Karamojong in Uganda. Inhaltlich mochte die Argumentation in diesem Punkt vielleicht sogar richtig sein, da es wahrscheinlich stimmte, dass man mit angehängten Gewichten den Penis verlängern könnte. Meine Zweifel bezogen sich eher auf die Präsentation. Als Quelle nannte die Firma einen Artikel in einer deutschen Boulevardzeitung. Besonders wissenschaftlich fand ich das nicht.

Den Verbraucherschutz musste die Firma nicht fürchten. Es war auszuschließen, dass die Herren Konsumentenschützer anrückten, ihre Hosen aufknöpften, den Pumpgummi umschnallten und dann Gutachten darüber schrieben, wie ihre Schwänze darauf reagiert hätten. Klagen von Opfern waren für das Unternehmen vermutlich auch kein Thema. Wenn mir der Schwanz abreißen würde, gäbe ich vor Gericht auch nicht gerne zu, dass ich ihn großpumpen wollte.

Das größte Problem ist wohl, dass es sich die Menschheit einfach nicht eingesteht, dass es auch unterdurchschnittliche

Schwänze gibt und dass die Betroffenen darunter leiden. Dabei ist es doch legitim, dass sowohl Männer als auch Frauen über die Vergrößerung des Schwanzes nachdenken. Weil sie es aber so verschämt tun, gibt es statt Wissenschaft zu diesem Thema nur Schmuddelindustrie.

Die Seite versprach jedenfalls eine dauerhafte Verlängerung von fast fünf Zentimetern und eine Steigerung des Umfangs um zwei Zentimeter, und zwar binnen eines halben Jahres, in denen ein Kunde das Ding auch wirklich acht Stunden täglich trug.

Elf plus fünf, das wären sechzehn. Sechzehn verhielt sich zu elf schon wie ein Mercedes zu einem Trabi oder wie ein Grizzly zu einem Plüschbären. Von dem versprochenen Zusatznutzen, dass bei der Gelegenheit auch Verkrümmungen beseitigt würden, hätte ich allerdings nichts gehabt. Mein Schwanz war ziemlich gerade. Anscheinend war das gut so.

Ich war schon drauf und dran, das Gerät zu bestellen, als ich einen Blick auf den Preis warf. 219 Euro. Ohne Versandkosten. Irgendwie ging es zwar auch um Fabian, aber im Moment brauchte er weniger ein richtiges männliches Vorbild als Windeln, Strampelhosen und Schnuller. Das kostete Geld, und davon hatte ich ohnedies zu wenig.

Also sah ich mir doch lieber noch ein paar andere, billigere Produkte an.

Bestellbar waren zum Beispiel verschiedene »Extender«. Eichel und Schwanzansatz werden hier mit Gummiringen fixiert, die durch zwei schraubstockähnliche Metallstangen miteinander verbunden werden. Auch diese Geräte sollte man bis zu zwölf Stunden am Tag tragen. In der Luxusausstattung verfügen sie über eine digitale Uhr. Vermutlich, damit sich der hoffnungsvolle Kunde nicht in der Zeit vertut. Ich stellte mir vor, wie ich neben meiner Oma vor dem Fernseher sitze und plötzlich in meiner Hose der Wecker läutet.

Erfunden haben diese Geräte angeblich jeweils Urologen. Sie haben klingende Namen wie Dr. P. J. Salguero. Erfundene Namen höchstwahrscheinlich. Der Kostenpunkt für die besseren Teile liegt gleich bei dreihundert Euro, die Basismodelle sind für etwa zweihundert zu haben. Ich fragte mich, wie viele Männer, die man täglich auf der Straße oder im Job trifft, ihren Schwanz in so eine Maschinerie geklemmt haben. Der Regisseur zum Beispiel. Vielleicht war er deshalb so orange gekleidet. So ein Ding macht einen bestimmt verrückt. Besonders dann, wenn man schon jede Menge Hämatome hat und der Schwanz noch immer nicht länger wird. Ich fragte mich auch, was eine Frau denken würde, wenn sie davon wüsste. Wenn sie ahnte, dass am Penis ihres Angebeteten, den sie in der ersten Liebesnacht zart berührte, zuvor monatelang eine Art mobiler Schraubstock gehangen war.

»Ich habe es für dich getan, Liebling«, könnte er dann sagen.

Womöglich gefiel das manchen Frauen sogar.

Näher sah ich mir auch ein Gerät an, das mit Magneten arbeitete. Wenn es funktionierte, war das immerhin schon ein kleiner Schritt vom Schraubstock in Richtung Tee. Laut Beschreibung breitet sich das Blut wegen seiner Eisenhaltigkeit aus, wenn der gesamte Penis von vielen kleinen Magneten umhüllt wird. Als Folge davon wächst dann der Schwellkörper. Besonders glaubwürdig fand ich das allerdings nicht. Ich war in meiner Not bereit, alles Mögliche zu glauben, aber hier ging doch einiges deutlich zu weit.

Ich fand im Internet sogar einen magnetischen Spezialpenisring, der als Extra angeblich auch noch das Blut auf dem Weg ins Glied reinigt. Zudem vergrößert er laut Beschreibung die roten Blutkörperchen, wodurch sie plötzlich mehr Sauerstoff transportieren sollen. Und in den Ring sind auch noch Turmalinstücke und das Halbmetall Germanium eingebaut. Beide entfalten laut dem Anbieter am Schwanz wahre Zauberkräfte. Angeblich emittieren sie Anionen, also negativ geladene Moleküle, und geben als Draufgabe infrarotes Licht ab. Das ist natürlich physikalischer, chemischer und medizinischer Schwachsinn. Wenn man seinen Schwanz ionisieren möchte, kann man ihn auch an einem Luftballon reiben.

Da hätte ich mich schon eher für eine Penispumpe entschieden. Vorher einen Urologen zu konsultieren, und zwar einen echten, war aber zweifellos sinnvoll.

22

Ordination Doktor Guntram Bertel, guten Tag.«

Ich legte gleich wieder auf.

Die Stimme der Ordinationshilfe klang sympathisch. Ich war bloß zu nervös, um den Überblick über meine Fragen zu bewahren. Ich notierte sie mir lieber zuvor auf einem Blatt Papier.

»Ordination Doktor Guntram Bertel, guten Tag.«

»Guten Tag. Ich schreibe ein Referat und dachte mir, dass Sie mir vielleicht weiterhelfen könnten.«

»Nur zu.«

»Zum einen würde ich gerne wissen, was denn nun einmal die Durchschnittslänge ist.«

»Die Durchschnittslänge?«

»Ja genau.«

»Ach so, vom Penis. An was für eine Schule gehen Sie denn?«

»Ich studiere. Wir sollen für unser Referat ein Tabuthema suchen, und die Länge ist doch eines«, sagte ich. »Jeden beschäftigt sie, aber offen geredet wird eigentlich kaum darüber. Gibt es seriöse Studien über die Durchschnittslänge?«

»Da müsste ich den Herrn Doktor fragen, und der hat jetzt einen Patienten.«

»Darf ich in einer Stunde noch einmal anrufen?«

»Bis dahin weiß ich es vielleicht. Aber versprechen kann ich es nicht.«

»Es wäre sehr nett, wenn Sie den Doktor auch nach der korrekten Messmethode und nach seriösen Möglichkeiten zur Penisverlängerung fragen könnten.«

»Meinen Sie operative Möglichkeiten?«

»Eigentlich dachte ich eher an Massagen, Pumpen oder so.«

»Trainieren kann man den Penis nicht, das kann ich Ihnen auch so sagen. Er ist ja kein Muskel. Aber wenn es Ihnen hilft, werde ich den Herrn Doktor gerne fragen. Rufen Sie bitte kurz vor drei Uhr an. Dann wird hier nicht mehr so viel los sein.«

Ich nutzte die Wartezeit, um noch einen anderen Arzt anzurufen. Er hob selbst ab und glaubte mir die Geschichte mit dem Referat keine Sekunde lang.

»Haben Sie Ihren Penis schon einmal gemessen?«, fragte er.

»Ja.«

»Und?«

»Das soll ich Ihnen einfach so am Telefon sagen?«

»Warum nicht?«

»Elf.«

»Dann ist ja alles bestens. Neun Zentimeter wären auch noch normal.«

»Neun? Nach welcher Messmethode?«

»Lagen Sie bei irgendeiner Methode, die Sie angewandt haben, unter neun?«

»Nein.«

»Dann ist wie gesagt alles bestens. Wir Urologen befassen uns auch nicht so sehr mit Penislängen. Bei uns geht es eher um Prostatakrebs und solche Dinge.«

»Das Thema Penisverlängerung …«

Er unterbrach mich.

»Erektionsprobleme haben Sie keine? Sperma gibt es?«

»Ich bin gerade Vater geworden.«

»Dann machen Sie sich keine Sorgen. In diesem Fall stimmt auch mit dem Hormonhaushalt alles. Ansonsten könnte man ihn untersuchen, aber so – herzlichen Glückwunsch.«

14 15 16 17 18 19 20 21 22 23 24 25

»Danke.«

Ich war erleichtert. Schließlich hatte er recht. Ich hatte ein Kind gezeugt, also war bei mir wohl alles in Ordnung. Ich dachte daran, dass ich eigentlich einen Vaterschaftstest machen lassen wollte. Das war im Moment aber nicht drin. Denn das war sicher nicht gratis, und wenn es so weiterging, würde ich für meinen Sohn womöglich nicht mehr genug zahlen können. Ich wollte mein Verhältnis zu Johanna nicht zusätzlich strapazieren.

Bei der Musterung waren meine Geschlechtsorgane jedenfalls nicht auf Tauglichkeit überprüft worden. Ich hatte wegen meinem damaligen Übergewicht an Bluthochdruck gelitten und ihn am entscheidenden Tag mit jeder Menge Red Bull und Zigaretten noch weiter gesteigert. Auf die Art war ich als untauglich nach Hause geschickt worden, noch ehe sich jemand mit meinem Schritt befassen konnte.

Trotzdem rief ich noch einmal in der anderen Ordination an.

»Der Chef möchte persönlich mit Ihnen reden«, sagte die Ordinationshilfe.

»Herr Scheiblecker«, sagte der Arzt. »Sie schreiben also ein Referat? Für welches Fach denn?«

»Publizistik.«

Ich erzählte ihm noch einmal die Geschichte mit dem Tabuthema. Ich fand sie ziemlich gut. Er scheinbar auch.

»Sehr interessant. Was die Durchschnittslänge betrifft, gab es 1996 eine italienische Studie. Da wurde anhand von 3300 Teilnehmern eine mittlere gestreckte Länge von zwölfeinhalb Zentimetern ermittelt. 2002 kam eine ähnliche Studie in Griechenland zu fast demselben Ergebnis. Wenn Sie noch mehr wissen wollen, dann suchen Sie sich dazu bitte Artikel in urologischen Fachzeitschriften.«

»Bei diesen Studien wurde der Penis im schlaffen Zustand langgezogen?«

»Korrekt. Laut einer deutschen Studie erreicht die Länge im erigierten Zustand einen Mittelwert von mehr als vierzehn Zentimetern.«

»Schließen Sie daraus, dass die Deutschen einen um ganze zwei Zentimeter längeren Penis haben?«

»Nein. Was hätten Sie noch gern gewusst?«

»Gibt es Verlängerungsmethoden, die aus urologischer Sicht vertretbar sind?«

»Nein.«

»Warum nicht?«

»Für Männer mit Hormonfehlern gibt es Hormonersatztherapien. Für Männer mit erektiler Dysfunktion gibt es PDE-5-Hemmer wie etwa Viagra. Die führen natürlich zu keiner Vergrößerung und sind auch wirklich ausschließlich für Leute mit Erektionsproblemen gedacht. Ich habe Viagra einmal probiert und musste ein paar Stunden im Badezimmer verbringen und mit kaltem Wasser kühlen. Operationen am Penis sind nur für Männer mit starker Verkrümmung gedacht. Eine Verlängerung wäre keine medizinische Maßnahme, sondern eine kosmetische Korrektur. Als Arzt kann ich so etwas nicht empfehlen.«

»Aber es gibt solche Operationen.«

»Es gibt Prothesen, die operativ implantiert werden, und man kann die Haltebänder durchtrennen. Dadurch rutscht das Glied weiter aus dem Körper heraus. Wer sich das leistet, muss tief in die Tasche greifen und mit vielen Nebenwirkungen rechnen. Das zahlt sich für einen gesunden Mann einfach nicht aus.«

»Wie sieht es mit Massagen, Pumpen und Extendern aus?«

»Massieren ist sicher kein Problem, wenn es Spaß macht.

Von mechanischen Vorrichtungen würde ich abraten. Als Arzt rate ich Ihnen, das Geld dafür lieber in eine gute Flasche Wein zu investieren. Die Vakuumpumpen, die Sie wahrscheinlich gemeint haben, sind eigentlich zur mechanischen Herbeiführung einer Erektion gedacht. Wenn Sie sich für solche Dinge interessieren, sollten Sie sich aber lieber in einem Sex-Shop erkundigen. Die kennen sich damit besser aus. Kann ich Ihnen sonst noch irgendwie helfen?«

Er wünschte mir noch viel Spaß mit meinem Referat.

Ich fragte mich, ob Urologen während ihrer Ausbildung auch lernen, wie sie Männern mit kurzen Schwänzen die Sorgen ausreden. Womöglich war das einer der Gründe dafür, warum eine Art Penispanik nicht schon epidemische Ausmaße angenommen hatte. Das hieß allerdings, dass mir die beiden Ärzte mit ihrer nüchternen Professionalität die Welt geschickt schöngeredet hatten. Praktisch war sie aber die gleiche geblieben. Wenn ich meine Ziele ernstnahm, konnte ich es nicht darauf beruhen lassen.

23

Stan Laurel, Oliver Hardy, Charlie Chaplin.

Die Frage war, wie es anderen Komikern gegangen war. Waren sie womöglich von denselben Problemen wie ich geplagt gewesen?

Ich rief in einem Wiener Nobelbordell an. Rotlichtmilieu, das war noch nie etwas für mich gewesen. Aber diesmal konnte die Branche einmal etwas Gutes tun und mir bei der Beseitigung eines männlichen Traumas helfen. Die Dame am Telefon hörte sich mein Anliegen ruhig an. Vermutlich war sie durch nichts aus der Ruhe zu bringen. Anliegen, die mit dem männlichen Unterleib zu tun hatten, waren ihr tägliches Geschäft. Die Spielformen, die an sie herangetragen wurden, waren vermutlich noch facettenreicher als bei einem Urologen.

»Sie sind also Kabarettist«, sagte die Frau.

»Ja.«

Es war schön, diesmal nicht lügen zu müssen, auch wenn ich das Gefühl hatte, zu übertreiben.

»Wenn ich Sie richtig verstehe, soll das Ganze ein großer Spaß werden.«

»Genau. Es wäre nur wichtig, dass die Damen viel Erfahrung haben, damit seriöse Angaben dabei herauskommen.«

»Sie zeigen Fotos und die Damen nennen Werte? Wie lange dauert das ungefähr?«

»Genau. Das dauert dann eine Stunde, würde ich sagen.«

Ich schätzte, dass es mindestens zwei Stunden dauern würde, aber wenn ich einmal dort war, konnte nichts mehr schiefgehen. Vielleicht machte es meiner Jury sogar Spaß.

»Ich könnte mir natürlich auch vorstellen, den Damen etwas dafür zu bezahlen«, sagte ich.

Darauf ging sie nicht ein.

»Wenn, dann müssten Sie in der Saure-Gurken-Zeit kommen. Bis 10. Jänner haben wir Winterpause, aber dann gleich danach. So um sechs Uhr. Da sind die Mädchen schon da und haben nichts zu tun. Und natürlich muss der Chef einverstanden sein. Ich weiß nicht, wie er das sieht. Wir hatten aber auch schon einmal eine Kunstausstellung und eine Buchpräsentation hier im Haus. Warten Sie, da kommt er.«

Sie legte offenbar die Hand auf den Hörer. Es dauerte ziemlich lange. Vor mir am Computer war die Internetseite des Bordells offen. Nachdem ich angeboten hatte, einen Stundensatz zu bezahlen, sah ich mir die Preise an. Es gab einen Eintrittspreis, den man an das Bordell selbst bezahlte, und das Honorar für die Prostituierte. In Summe machte das etwa dreihundertfünfzig Euro aus. Den Eintrittspreis musste ich wahrscheinlich nur einmal zahlen. Für drei Mädchen waren das siebenhundertfünfzig Euro. Das waren Alimente für drei Monate. Da sie mir die Saure-Gurken-Zeit angeboten hatte, hatte sie mein Honorarangebot wahrscheinlich aber ohnehin nicht ganz ernstgenommen. Immerhin wollte ich ja nur reden. Dafür bekam man bestimmt einen Rabatt.

»Der Chef findet es lustig«, sagte die Frau am Telefon. »Rufen Sie bitte nach der Weihnachtspause an, dann organisieren wir das für Sie.«

Ich bedankte mich und notierte für alle Fälle ihren Namen.

»Ich gehe ins Puff«, sagte ich wenig später zu Jakob.

Er war überrascht und gar nicht begeistert über meine Ankündigung.

»Wieso das jetzt?«, fragte er.

»Wieso nicht?«

Ich hatte einmal gehört, dass Prostituierte Kunden mit kleinen Penissen bevorzugen, weil das ihren Arbeitsalltag erleichtert. Insofern hätte ich als Freier wirklich brillieren können. Trotzdem hatte ich nicht vor, mich bei dem Termin sexuell zu betätigen. Einfach aus Prinzip nicht, obwohl ich darüber noch nie nachgedacht hatte.

»Dir ist aber schon klar, dass die das nicht freiwillig machen, die Frauen. Und dass sie meistens eine ziemlich schlimme Vergangenheit haben.«

»Das kann ich auch nicht mehr ändern«, sagte ich, einfach um zu sticheln.

»Wer zu Huren geht, macht sich mitschuldig am Frauenhandel!«, rief Jakob. »Und außerdem … Wer zu Huren geht, vergisst irgendwann, was Liebe ist. Und wer das vergessen hat, kann sie nicht mehr finden.«

»Wann genau warst du im Priesterseminar und warum hast du mir nie davon erzählt?«

Nach dieser letzten Provokation beruhigte ich meinen Freund und erzählte ihm von meiner Idee mit der Jury.

»Also deswegen hast du einmal wegen der Penislänge des Papstes gefragt«, sagte er.

»Wie findest du es?«

»Ziemlich abgefahren«, sagte er. »Aber darf ich dir ein paar Bilder von meinem Chef mitgeben?«

Er lachte laut.

Dem orangefarbenen Regisseur erzählte ich nichts von meinen neuen kabarettistischen Plänen. Er hätte sich wie eine leuchtende Elster darüber hergemacht und sie nach allen Regeln der Kunst zerpflückt. So sicher war ich mir meiner Sache noch nicht. Ich hätte seine Kommentare nicht ertragen.

Es war schließlich bis jetzt nur eine Idee, bei der noch das ganze Drumherum fehlte. Wenn der Regisseur sie gut gefunden hätte, hätte er sie mir womöglich sogar geklaut. Das traute ich ihm zu. Dann wäre er nicht mein Hauptgewinn gewesen, sondern ich seiner.

Deswegen arbeitete ich mit ihm brav an meinem Workaholic-Programm. Bei den Proben übernahm ich, um Streit zu vermeiden, all seine Vorschläge. Ich dachte aber nicht daran, sie bei den Aufführungen wirklich umzusetzen.

Der Regisseur drängte darauf, dass die Premiere in einem kleinen Wiener Kellertheater stattfinden sollte, das ihm gehörte. Aber das kam für mich nicht in Frage.

Erstens wollte ich nicht in der Anonymität der Großstadt versinken. Ich war Hainfelder, und das mit Begeisterung. Wenn ich schon so ein Werk zu präsentieren hatte, dann wollte ich es zuerst einmal dort tun. Sabine, für die ich vor allem ein toller Mann sein wollte, würde auch kaum nach Wien kommen. Ins Kulturzentrum Hainfeld dagegen schaffte sie es vielleicht.

Zweitens hatte ich dem Kulturzentrum in Hainfeld versprochen, alle Premieren dort zu präsentieren.

Und drittens hätte mir der Regisseur nur dreihundert Euro gezahlt. In Hainfeld war ich dagegen am Eintrittsgeld beteiligt, was um einiges lukrativer war.

Ich organisierte die Premiere in Hainfeld also ohne das Wissen des Regisseurs.

Meine Pointen würden die Menschen vielleicht nicht vom Sessel hauen, aber wenn die richtige Stimmung aufkam, zogen vielleicht ein paar davon:

»Die Leute schleppen sich in die Arbeit mit vierzig Grad Fieber, damit der Chef nicht böse ist und die so wichtige Arbeitsleistung nicht fehlt. Aber der Chef wäre ohnehin nicht bös. Der liegt mit der Grippe zu Hause, weil ihn seine siebenundzwanzig kranken Mitarbeiter angesteckt haben.«

»Mitterbauer Walter, geboren in Wien am 27. Februar 1978. Volks- und Hauptschule fast erfolgreich beendet. Danach einige Jahre Selbstfindung. Mitarbeit bei zahlreichen Projekten wie ›Rettet den Regenwald‹. Absolvierung vieler Weiterbildungen. ›Roman geschrieben leicht gemacht‹, ›Sales Management Basics eins und zwei‹. Drehbuchautor bei gewichtigen Hollywood-Produktionen. Danach Ausstieg aus der Filmbranche. Vier Jahre Forschungsarbeit bei der NASA, 1997 Ernennung zum Space-Shuttle-Commander, 1998 Filzpreis für hervorragende mathematische Forschungsarbeit.

Herr Mitterbauer, Sie wissen schon, dass wir einen Maurerpolier suchen, oder?«

24

Wie gut muss ein Kabarettprogramm sein, um einen zu kurzen Schwanz auszugleichen?

Besser jedenfalls, als ich es je zustande bringen würde. Besser wahrscheinlich, als es irgendein Kabarettist je zustande bringen würde. Besser als Charlie Chaplin, Stan Laurel und Oliver Hardy zusammen.

Dennoch hatte ich am Tag der Premiere meines Workaholic-Programms den festen Glauben, dass ich nach dem Ende der Vorstellung einen großen Schritt in Richtung »Richtiger Mann« gemacht haben würde. Ich hatte sogar das Gefühl, mein Schwanz würde dann um einiges größer sein.

Vielleicht liegt in diesem Glauben sogar das Geheimnis jeglichen Fortschritts und jeglicher künstlerischen Innovation. Männer versuchen immer, besser zu sein, als ein Mann eigentlich sein kann, und irgendetwas kommt bei ihren Bemühungen am Ende heraus. Etwas Bleibendes. Etwas, das die Welt bereichert. Vielleicht gibt es deswegen mehr berühmte Männer in Wissenschaft und Kunst als Frauen, weil Frauen psychisch stabiler sind. Sie haben keine Schwänze, die zu klein sein könnten.

Wolfgang Amadeus Mozart, Christoph Kolumbus, Thomas Edison, Alfred Nobel, Albert Einstein, Pablo Picasso.

»Ist Sabine da?«, fragte ich Jakob hinter der Bühne.

Ich bereitete mich gerade auf meinen Auftritt vor. Er antwortete ausweichend und beinahe schuldbewusst.

»Ich weiß nicht«, sagte er. »Gesehen habe ich sie eigentlich nicht. Aber es ist ja viel los da draußen.«

Ich konnte meine Enttäuschung schwer verbergen. Aber er wusste ohnedies, wie viel mir Sabine bedeutete.

Ich hatte mich nicht einfach darauf verlassen, dass die offizielle Ankündigung meines Auftritts oder die Mundpropaganda Sabine in unserer überschaubaren Welt erreichen würden. Ich hatte ihr zur Sicherheit eine persönliche handschriftliche Einladung samt einer handgebundenen und handkolorierten Ausgabe meines Programms geschickt. Eine halbe Nacht lang war ich in Wien in einem Vierundzwanzig-Stunden-Copyshop gestanden, hatte das richtige Papier ausgesucht, das eleganteste Format gewählt, mich mit dem Farbkopierer herumgeplagt und das Büchlein dann mit Nadel und Faden gebunden. Das Kuvert, in dem ich Programm und Einladung geschickt hatte, hatte ich dann noch mit einem eleganten Herrenduft besprüht, der unbenutzt in der Sockenlade meines Vaters lag, seit er ihn vor drei Jahren zu Weihnachten von meiner Großmutter geschenkt bekommen hatte.

Vielleicht würde sie noch im letzten Moment kommen. Ich spähte durch den Vorhang ins Publikum und sah viele bekannte Gesichter, aber nicht das von Sabine. Der Vorhang ging auf. Applaus.

Ich fragte mich auf einmal, wie es wäre, wenn ich nackt da hinaustreten würde. Mit einem kleinen Röhrchen höchstens, in dem der Penis steckte und das keine Frage über die Länge offenließ. Wie war das eigentlich in anderen Kulturen? Vor allem in solchen, in denen man unbekleidet seinen täglichen Beschäftigungen nachging? Machte dort die Schwanzlänge einen Unterschied aus?

Ich fing mit meinem Programm an. Ich beherrschte es im Schlaf. Das zumindest war eine meiner Errungenschaften aus der Zusammenarbeit mit dem anstrengenden Regisseur. Kein

Improvisieren, kein peinliches Zettelsuchen. Selbst dann nicht, wenn meine Gedanken abglitten.

Meine Augen suchten weiterhin nach Sabine. Ich dachte daran, dass selbst die beste Aufführung nichts bringen konnte, wenn sie nicht vom wichtigsten Menschen gesehen wird. Ich würde kein ganzer Mann werden. Der Schwanz würde kurz bleiben.

Dann überlegte ich, meine Schwanzlänge notariell beglaubigen zu lassen, für den Fall, dass ich als Nächstes wirklich ein Schwanzlängenprogramm brachte. Dann müsste ich ihn nicht herzeigen, um glaubwürdig zu sein. Die Frage war, ob ein Notar dafür zu finden sein würde.

Sicher war ich mir meines neuen Themas noch nicht. Ich war zu sehr involviert. Und die Lösung eines Problems besteht selten darin, es an die große Glocke zu hängen. Ich kannte zum Beispiel eine Frau, die der Meinung war, dass ihre Brüste ungleich groß waren. Im Prinzip war das jedem egal. Niemand bemerkte es. Zwei gleiche Dinge sind nie wirklich genau gleich. Eineiige Zwillinge werden einander umso unähnlicher, je länger man sie kennt. Die männlichen Hoden sind auch nie genau gleich groß und Beine sind nie genau gleich dick. Wissenschaftlichen Forschungen zufolge sind noch nie in der Erdgeschichte zwei Schneeflocken mit genau der gleichen Kristallstruktur zur Erde geglitten. Aber diese Frau steigerte sich in ihren Busenunterschied hemmungslos hinein. Ihre Selbsttherapie bestand darin, über dieses Problem bei jeder Gelegenheit zu reden.

Die Folge war, dass Männer sie mieden, dass sich nicht einmal mehr gute Bekannte mit ihr auf der Straße zeigen wollten. Auch ihre Freundinnen gingen ihr bald aus dem Weg, um kein schlechtes Karma abzukriegen. Sie hatte es geschafft, eine natürliche Sache zu einem Problem zu machen und sich selbst zu dessen trauriger Protagonistin. Wenn sie ein Lokal betrat, war die Stimmung sofort um ein paar Grad kühler.

»Ach ja, mein Busen ist auch irgendwie ungleich«, dachten bedrückt alle Frauen.

»Ach ja, der Busen meiner Freundin ist auch ziemlich ungleich«, dachten die Männer.

Wenn ich mich über das Schwanzlängenthema wagte, musste meine Motivation hundertprozentig stimmen. Ich musste es tun, um die Welt zu retten, nicht um mich selbst zu retten. Das hieß: Bevor ich mit dem Thema an die Öffentlichkeit ging, musste ich das Problem für mich selbst gelöst haben. Es ging also nicht mehr nur um Fabian und Sabine, es ging auch um meine berufliche Zukunft.

Mit den ersten Lachern gewann ich weiter an Sicherheit. Ich suchte immer wieder Augenkontakt mit dem Publikum, während ich meine besten Gags abfeuerte:

»Jetzt bestellen, solange der Vorrat reicht! Egal ob Gurken, Kartoffeln oder Melanzani, mit dem Gurkenhachler 3000 wird das Kochen zum Kinderspiel! Wir haben bereits weltweit drei zufriedene Kunden. Der Kuchshofer Berthold ist einer davon.

Ja, das bin ich. Ich habe jetzt in einer Woche zwanzig Kilo abgenommen, weil ich mit dem Gurkenhachler so gesund esse. Zwanzig Kilo gehackte Gurken am Tag! Und ich habe mir schon drei Gurkenhachler 3000 gekauft. Weil der Vorrat reicht nicht ewig. Und in fünfzehn Minuten gibt es schon den Gurkenhachler 4000, und der ist dann noch besser. Den kauf ich dann auch!«

Ich sah dabei in die Augen einer jungen Frau, die in einer der hinteren Reihen saß. Über die Köpfe hinweg begegneten sich unsere Blicke wie magisch voneinander angezogen. Das konnte mir nur mit einer einzigen Frau auf dieser Welt passieren.

Sie war also doch gekommen. Vor Schreck verstolperte ich die Pointe ein wenig und verpasste beinahe den Anschluss zur nächsten.

Von da an vermied ich den Blick nach hinten. Ein einziges gelangweiltes Stirnrunzeln von ihr hätte mich völlig aus dem Konzept gebracht. Schließlich tat ich alles nur für sie. Spielen, schreiben, meinen Schwanz massieren.

Nach der Vorstellung stieß ich in der Kantine mit Freunden und Verwandten auf meinen Auftritt an. Ich hatte keine Erinnerung mehr daran. Ich wusste nicht einmal genau, wie ich beim Publikum angekommen war. Mein Kopf war taub von Sabines Anwesenheit und meiner Unfähigkeit, darauf zu reagieren. Alle klopften mir auf die Schulter.

»Es war ein großartiger Abend«, sagten sie.

Ich glaubte ihnen kein Wort.

Warum erwähnte niemand Sabine? Alle wussten, wie wichtig sie mir war. Hatte sie sich abfällig geäußert? War sie noch vor dem Ende gegangen? Schließlich nahm ich Jakob beiseite.

»Sag schon, wie hat sie es gefunden?«

»Wer?«

»Na wer wohl.«

»Du meinst Sabine?«

Er klang unsicher.

»Verarsch mich nicht«, sagte ich.

»Sie war doch gar nicht da. Ich wollte es dir nicht sagen, du weißt schon. Sie arbeitet jetzt ja auch in dieser Disco in Sankt Pölten und sie hatte heute Dienst. Ich glaube, sie wollte noch tauschen, aber es ging irgendwie nicht.«

Ich sah mich um. Ich hatte sie doch gesehen! Warum logen mich alle an? Schon seltsam, dass Sabine im Publikum gewesen und dann nicht hierhergekommen war. Vielleicht gab es in der Disco so etwas wie einen Spätdienst. Ich ließ Jakob stehen. Die ganze Reihe, in der ich sie gesehen hatte, war längst verlassen. Womöglich hatte sie sich von mir ignoriert gefühlt. Ich geriet in Panik. Manisch verhörte ich alle Leute, derer ich habhaft werden konnte. Vielen musste ich erst lang und breit erklären, wen ich suchte. Diejenigen, die Sabine kannten, versicherten mir, sie hier nicht gesehen zu haben. Doch so schnell gab ich nicht auf. Etwas grob packte ich einen Mann in einem orangefarbenen Sakko an der Schulter und schleuderte ihm meine Frage entgegen. Der Regisseur. Ich hatte ihn gar nicht eingeladen.

»Die wirklich guten Leute können aus den Fehlern anderer lernen«, sagte er spitz.

»Wie meinen Sie das?«

»Du gehörst zu denen, die alle Fehler zuerst selber machen wollen. Ich frage mich, wozu wir die ganze Zeit miteinander gearbeitet haben.«

»Ich suche gerade jemanden.«

»In deinem Geschäft gibt es so viele Möglichkeiten, Fehler zu machen, dass du alt und grau sein wirst, ehe du durch bist. Du kannst dich aber damit trösten, dass dir zwischendurch die Auftrittsmöglichkeiten ausgehen werden.«

»Eine Freundin«, sagte ich. »Ich dachte, ich hätte sie gesehen, aber jetzt weiß ich nicht einmal genau, ob sie wirklich da ist. Kennen Sie das?«

»Du bist absolut beratungsresistent«, sagte er.

»Sie ist mir ziemlich wichtig«, sagte ich.

»Du bist ein sturer Bauerntrottel«, rief er hinter mir her.

Auf der Straße rannte ich in Johanna hinein, die Fabian auf dem Arm trug.

»Ich wusste gar nicht, dass du auch ... also, dass ihr beide ...«

»Ich wollte dein Programm unbedingt sehen und Fabian kann ich nicht so lange abgeben«, sagte sie.

Sie sah ungeheuer lieb aus mit unserem Sohn auf dem Arm. Fabian gluckste.

»Ich freu mich wirklich sehr, dass ihr gekommen seid. Ich hoffe, es hat dir gefallen. Ich suche nur gerade ...«

»Eigentlich sind wir auch gekommen, weil wir dich etwas fragen wollten«, sagte Johanna ernst.

Gehetzt sah ich mich um. Niemand in Sicht und ein paar Meter weiter begann die Dunkelheit. Es war kalt, und ich wusste nicht, wo ich Sabine jetzt noch suchen sollte.

»Wir wollten dich fragen, ob du nicht doch zu uns ziehen willst.«

Sie rückte mit Fabian ganz nahe an mich heran. Mein Sohn gluckste weiter fröhlich vor sich hin. Er schien von der Idee begeistert zu sein.

Ich bekam eine Panikattacke. Sie war nicht gespielt. Ich musste nichts dazu beitragen, nicht wie damals bei meinem Bluthochdruck bei der Musterung. Sie stellte sich ganz von selbst ein. Alles Blut wich aus meinem Kopf. Ich fühlte mich schwach und elend und meine Knie drohten nachzugeben. Ich hockte mich auf den Boden und lehnte mich an die Hauswand. In meinem schlaffen Gesicht klapperten auf einmal meine Zähne vor Kälte. Meine Zähne hatten noch nie geklappert, weder vor Kälte noch aus einem anderen Grund.

»Das heißt wohl, dass du die Idee nicht so toll findest«, sagte Johanna.

»Es ist nur die Anspannung«, sagte ich.

»Schon gut.«

Sie begleitete mich zurück ins Kulturzentrum. Mein Vater reichte mir einen doppelten Obstler. In seinen Augen adelte mich die Attacke sogar.

»Selbst die größten Rampensäue hatten solche Zustände«, sagte er zu den anderen. »Mick Jagger ist in jungen Jahren nach seinen Auftritten regelmäßig zusammengeklappt.«

So gut musste ein Rocksänger also sein, um einen zu kurzen Schwanz auszugleichen. So gut wie Mick Jagger. Und am Ende hatte ihn sein Schwanz doch eingeholt.

Die erste Penislängen-Regel lautet also:

1.

Wie weit ein Mann auch aufsteigt,
sein Schwanz kommt immer mit.

25

Ich ließ die Sache mit Sabines Besuch auf sich beruhen und blieb Johanna die Antwort auf ihre Frage schuldig. Zwei Frauen, die eine war so unerreichbar wie die andere. Die Gründe waren sehr unterschiedlich, wenn auch nicht restlos geklärt. Mir blieb nichts anderes übrig, als mein Liebesleben mit ein bisschen Internetpornografie zu bestreiten. Der Abend hatte mir wenigstens die Möglichkeit offengelassen, weiter von Sabine zu träumen. Außerdem hatte er mir dank meiner Beteiligung am Eintritt und am Getränkeumsatz die Alimente für ein paar Monate beschert.

Eine Woche nach dem Auftritt in Hainfeld musste ich in Wien auf die Bühne. Die letzte Probe davor schwänzte ich lieber, um mir von meinem orangefarbenen Hauptgewinn nicht mein Selbstbewusstsein ruinieren zu lassen.

Das Publikum war dreiköpfig. Es bestand aus zwei Freunden des Regisseurs und einem schwerhörigen Greis. Damit erübrigte sich eine Sorge, die ich in der Nacht davor gehabt hatte. Ich erlag auf der Bühne keiner weiteren Sabine-Halluzination. Ich fand, dass ich mein Programm ziemlich professionell zu Ende brachte. Der Regisseur war anderer Meinung. Er fand, dass ich noch immer bäurisch sprach.

»Ein Akzent schafft Persönlichkeit«, sagte ich.

»Das ist kein Akzent«, sagte er. »Das ist ein Albtraum.«

»Ein bisschen ländlicher Charme tut der urbanen Theaterwelt sicher gut.«

»Vielleicht. Aber du musst nicht gleich einen ganzen Misthaufen auf die Bühne kippen.«

Seine beiden Freunde ignorierte ich. Der Regisseur hatte ihnen während meiner Darbietung ständig Dinge zugeraunt und sie hatten demonstrativ leise und gelangweilt geklatscht.

»Ist hier immer so wenig los?«, fragte ich.

»Das hängt davon ab, wer auftritt«, sagte er scharf.

Vier Auftritte waren vereinbart. Ich hatte keine Lust, vor leeren Rängen zu spielen. Also telefonierte ich herum. Beim zweiten Mal chauffierten Jakob und mein Vater ein paar Freunde nach Wien. Die lachten noch einmal über die Witze, die sie schon kannten.

»So übel kann mein Programm also nicht sein«, sagte ich zu dem Regisseur.

»Die sind aus deinem Dorf«, sagte er.

»Na und?«

»Die hören das Bäurische nicht. Denen kommt das wie Hochdeutsch vor.«

Der Regisseur hatte über die beiden Freunde vom ersten Auftritt hinaus keine weiteren, was mich auch gar nicht wunderte. Meine eigenen Freunde konnte ich beim besten Willen kein drittes Mal einladen. Daraus zog ich die einzige logische Konsequenz. Ich kam selbst nicht zu meinem Auftritt.

»Ich habe eine Menge zahlender Gäste heimschicken müssen«, sagte der Regisseur. »Weißt du eigentlich, dass ich dich klagen könnte? Zum nächsten Termin kommst du. Klar?«

»Klar.«

Ich bezweifelte, dass er mich tatsächlich klagen würde. Er musste wissen, dass bei mir nichts zu holen war. Außerdem war er selbst ein erfolgloses armes Würstchen und hatte sicher genug andere Probleme. Trotzdem konnte ich kein Risiko eingehen. Da spielte ich lieber vor leerem Haus.

Ich lehnte mich zurück und fing an zu grübeln. Sabine hatte

offensichtlich nicht mehr das geringste Interesse an mir und trotzdem konnte ich sie nicht vergessen. Ich war inzwischen Vater geworden, und wenn mich die Mutter meines Sohnes einlud, bei ihr zu wohnen, bekam ich Panikattacken. Mein Exchef bei der Bahn hatte sich noch nicht gemeldet und ich wollte ihn nicht terrorisieren. Das Kabarett würde noch lange keine echte Geldquelle sein. Den Hainfeldern konnte ich höchstens zwei Auftritte pro Jahr im Kulturzentrum zumuten und jenseits der Ortsgrenzen hatte ich zwar vielleicht auch Möglichkeiten, aber es war dennoch weit schwieriger.

Ich musste mir endlich eine Penispumpe besorgen.

Da war es wieder, dieses Thema. Mein Schwanz. Ich blieb noch eine Weile sitzen und kam zu einer Erkenntnis. Immer wenn die Dinge gut liefen, stellte mein Schwanz kein Problem dar. Bloß unter Druck konzentrierte sich all mein Denken auf ihn.

Regel Nummer zwei lautet dementsprechend:

2.

Denkt man zu viel an den Schwanz,
übernimmt der Schwanz bald das Denken.

Es war Abend geworden, und ich ging ins Kino, um mich von meinen Problemen abzulenken.

26

Nur jetzt keinen amerikanischen Film. Ich brauchte jetzt keine Typen mit XL-Schultern und einer fetten Beule im Schritt, als würde dort eine zusammengewickelte Boa schlummern. Ich hätte mich nur noch mehr als Blindschleiche gefühlt. Lieber etwas Französisches mit Kulturaspekten. Da hielt zwar der Spannungsbogen nicht ganz, dafür weckten einen gegebenenfalls keine Explosionen.

»Les amants réguliers«. Das französische Studentenmilieu in den 1960er-Jahren, schwarzweiß, drei Stunden. Das war genau der richtige Film, um ein bisschen abzutauchen.

Ich fühlte mich zu elend, um das Grinsen der Kartenabreißerin als Lächeln zu interpretieren. Diese urbanen Studentinnen wussten vermutlich auf den ersten Blick, woran sie bei mir waren. Die Promiskuität fördert das Grundwissen von Frauen über die Schwanzlängen von Männern. Was meine künftige Jury konnte, konnte vermutlich in Ansätzen jede halbwegs erfahrene Frau. Von wegen Grinsen und Lächeln. Wahrscheinlich hatte sie mich einfach ausgelacht.

Im einzigen Saal des kleinen Programmkinos roch es nach Politur und alten Möbeln. Ich ließ mich in einen der Polstersitze in der vorletzten Reihe sinken. Das Publikum entsprach etwa jenem meiner Wiener Auftritte. Außer mir war nur noch ein junges Paar da, das sich in einer der vorderen Reihen ständig küsste und zwischendurch kicherte.

Der Saal wurde dunkel, die Leinwand hell und ich verschwand in einer anderen Welt. Ich mochte den Film. Der Kampf zwischen den Pariser Studenten und der Polizei im

Mai 1968 wurde nur in Form absurder Bewegungsabläufe zu beiden Seiten der Barrikaden gezeigt. Genau so ist das Leben, dachte ich, und irgendwann in der dritten Stunde schlief ich dann doch für eine Weile ein. Ich träumte, dass ich mit Sabine in einem Pariser Café saß und ihr die Notwendigkeit des bewaffneten Kampfes erklärte. Beeindruckt hing sie an meinen Lippen.

Ich erwachte, weil das Pärchen vorne laut lachte, und ich erschrak, weil ich das Lachen zuerst auf mich bezog. Einer der Protagonisten des Films lag gerade mit seiner Freundin im Bett. Er redete auf sie ein. Er sagte, dass er nicht das geringste Problem damit hätte, wenn sie zu einem anderen ging.

Das Mädchen auf der Leinwand dankte ihrem Freund, küsste ihn und verließ das Zimmer. Er schlief seelenruhig wieder ein. Ziemlich entspannt, der Typ. Dann ein Zeitsprung. Sie kam zurück und legte sich kichernd neben ihn. Er blieb im Halbschlaf. Sie flüsterte ihm etwas ins Ohr. Jetzt kicherte er im Halbschlaf auch.

Ich hatte nicht verstanden, was sie gesagt hatte. Mein Französisch reichte nicht aus. Deshalb las ich den Untertitel.

»Der Typ hat einen winzig Kleinen, viel kleiner als deiner!«

Das Pärchen vorne wieherte auf vor Lachen und auch die beiden auf der Leinwand kriegten sich nicht mehr ein.

Ich schnappte meine Jacke und sprang auf. Das hier war ein verfluchter Ort.

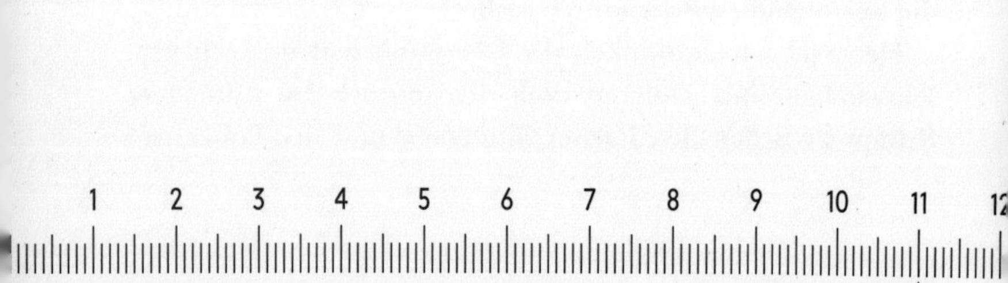

27

Daheim suchte ich eine Rasierklinge. Ich wusste natürlich, dass ich mich am Ende nicht umbringen würde, aber ich war fest entschlossen, es meinem Schicksal vorzuspielen. Es sollte wissen, dass ich mir in Zukunft nichts mehr gefallen lassen würde. Dann konnte es sehen, wo es ohne mich blieb, das Schicksal.

Bei der Rasierklinge fingen die Probleme schon an. Ich rasierte mich elektrisch und mein Vater verwendete Einwegrasierer. Mit einem Hammer schlug ich auf eins der Plastikdinger ein. Mit der Klinge hätte nicht einmal eine Küchenschabe Selbstmord begehen können. Was konnte ich noch tun? Mir fiel nichts ein.

Vielleicht war mein Hirn auch schon auf die Größe meines Schwanzes geschrumpft. Elf Zentimeter von der Stirn bis zum Hinterkopf. Und auch das womöglich nur dann, wenn gerade genug Blut durch die Hirnlappen strömte. Im Internet gab es sicher auch Gehirnvergrößerungspumpen.

Aus dem langsamen Verbluten im duftenden Rosenbad würde also nichts werden.

Auch deshalb, weil wir weder Rosen noch Rosenbadextrakt im Haus hatten. Es war auch besser so. Ich konnte mir schon vorstellen, was der Hainfelder Arzt denken würde, wenn er mich totenblass zwischen den Blüten in der Badewanne liegen sähe.

»Darum ist er nicht zu seiner Homosexualität gestanden. Wegen dieses kleinen Schwanzes. Vermutlich ist es besser so für ihn«, würde er in sich hineinmurmeln.

Mit einem Elf-Zentimeter-Schwanz konnte man nicht einmal in Würde sterben.

Ich entschied mich jedenfalls für Haarföhn, Steckdose und Badehose. Ich drehte den Wasserhahn auf und stellte mich barfuß in die Wanne. Bald reichte mir das Wasser über die Knöchel. Ich war nicht sicher, ob das schon reichte. Womöglich musste ich mit dem ganzen Körper im Wasser liegen. Ich setzte mich und sah dem Wasser bei Steigen zu. Das dauerte. Mit der Badehose in der Wanne, das war irgendwie lächerlich, fand ich jetzt.

Ich kletterte wieder heraus, zog mir Hemd und Hose an und stieg neuerlich ins Wasser. Dann sah es wenigstens nicht nach Unfall aus. Die Leute sollten schließlich nicht denken, dass ich blöd genug gewesen war, um mir beim Baden die Haare zu föhnen. Wie sah eigentlich der Schwanz einer Wasserleiche aus? Weibliche Wasserleichen schwimmen angeblich mit dem Gesicht nach oben und männliche wegen ihres Gemächts andersherum. Bei mir wäre es wahrscheinlich vom Wellengang abhängig. Aber von Schwimmen konnte in der Wanne ohnedies keine Rede sein.

Als das Wasser hoch genug gestiegen war, fiel mir ein, dass das mit dem Föhn angeblich nur im Film funktioniert. Moderne Föhns haben eine Sicherung eingebaut, die bei Berührung mit Wasser sofort den Stromkreis unterbricht. Sicher war ich nicht. Das ist eins der großen Probleme der Welt. Überall gibt es Informationen, und kein Mensch weiß, welche richtig sind.

Ich hätte schnell im Internet nach einer Antwort auf diese Frage suchen können, wollte mich aber nicht in klatschnassen Kleidern an den Computer setzen. Ich konnte es ja einfach ausprobieren. Etwas Schlimmeres als der Tod konnte mir ja nicht widerfahren. Bloß reichte das Kabel nur bis zum Wannenrand.

Ich hätte weinen können. Mein Schicksal machte mich selbst in dieser Minute lächerlich.

Vielleicht gibt es auch einfach nichts auf dieser Welt, das einfach so funktioniert. Sex, Selbstmord, alles macht Schwierigkeiten. Schwierigkeiten, die man überwinden kann, zugegeben. Aber woher die Motivation nehmen?

»Pass auf mit dem Föhn in der Wanne.«

Auf einmal stand meine Großmutter im Bad. Es ist wohl auch Schicksal, dass man in solchen Situationen zuzusperren vergisst. Das Schicksal sichert sich ab, für den Fall, dass man es mit einem Teil seines Gehirns doch ernstmeint.

Während meine Großmutter ihre dritten Zähne entnahm, zog sie den Stecker heraus.

»Macht man das jetzt wieder, mit den Jeans in der Wanne, damit man knackiger darin aussieht? Das hat dein Vater damals auch schon gemacht. Na ja, es kommt ja alles immer wieder.«

Beim Hinausschlurfen drehte sie gewohnheitsmäßig das Licht ab. Voll bekleidet saß ich allein in der Dunkelheit im Wasser. Ein Typ, der sich wegen seines zu kurzen Schwanzes umbringen wollte, scheiterte an einem zu kurzen Föhnkabel. Mein Schicksal fand das offenbar komisch.

28

Etwas verkühlt fuhr ich am nächsten Tag nach Wien. Der Urologe hatte mir am Telefon von Extendern und Ähnlichem abgeraten, aber der hatte wahrscheinlich leicht reden. Ich schätzte ihn auf mindestens sechzehn Zentimeter. Ich schätzte alle Männer auf mindestens sechzehn Zentimeter. Ich konnte mir trotz all der Bilder und Postings im Internet nicht vorstellen, dass noch ein anderer Mann außer mir mit nur elf auskommen musste. Niemand konnte also die Dringlichkeit meines Problems verstehen, auch kein Arzt, der noch so viele Seminare darüber besucht hatte.

Außerdem werden Extender offenbar in großen Mengen verkauft. Das wäre wohl nicht der Fall, wenn nicht ab und zu ein paar Männer sich damit erfolgreich ihren Sechzehn-Zentimeter-Schwanz noch weiter verlängert hätten. Vielleicht ließe sich aus den Umsatzzahlen der Extender eine Wahrscheinlichkeit errechnen, ob auch mein Schwanz erfolgreich verlängert werden könnte.

Die Wahrscheinlichkeit, dass der Schwanz durch gutes Zureden, Selbstmitleid und sporadische Schwellkörpermassagen wächst, ist natürlich in etwa bei null. Vor allem bei den Massagen ist das eigentlich klar. Theoretisch müsste der Schwanz ja sonst auch beim Onanieren wachsen. Dann könnten die meisten Typen wegen ihrer wohltrainierten Riesenprügel nur mit gespreizten Beinen herumlaufen.

Ich musste auf jeden Fall handeln. Aber mit dem Internet hatte ich schon schlechte Erfahrungen gemacht. Sex-Shops waren nicht mehr so schmuddelig wie damals, als sich unsere

Väter hineinschlichen, weil es dort härtere Pornos gab als am Zeitungskiosk. Sie gehörten zum Straßenbild der Innenstädte, hatten auch Frauen als Zielgruppe entdeckt, und peinlich wäre es nur gewesen, wenn ich auch dort etwas von einer Studie gefaselt hätte.

Auf dem Weg zum Sex-Shop meiner Wahl in der Mariahilferstraße fuhr ich zum Stephansdom, um mich in die richtige Stimmung zu versetzen. Immerhin ist der Südturm, der mit seinen 137 Metern weit über den Dächern Wiens ragt, ein ordentliches Phallussymbol. Ich identifizierte mich aber eher mit dem nie fertiggestellten Nordturm, der sich – mit seinen 68 Meter Höhe – zum Südturm wie mein Schwanz zu dem eines Pornodarstellers verhält.

Was aber die Wiener Erzbischöfe, die Initiative »Rettet den Stephansdom« und sogar der als sehr lebensfroh bekannte Dompfarrer immer verschweigen, ist die Tatsache, dass die Fassade des Domes mit einem Penis und einer Vagina verziert ist. Den tausenden Touristen, die dort jeden Tag vorbeiströmen, entgeht das, obwohl sich beide Geschlechtsteile gut sichtbar auf den Seiten des Hauptportals befinden. Die Vagina sitzt auf einer angedeuteten Säule, rechts vom Portal zu sehen, wenn man davor steht, der Penis auf einer ebensolchen links davon.

Dieser Penis ist zwar ziemlich dick, aber wirklich nicht groß. Ich hoffte sehr, dass ihn der Steinmetz seinem eigenen nachempfunden hatte.

»Hier, Welt, sieh her. Das ist mein Schwanz. Er ist klein, aber ich stehe dazu.«

Auf jeden Fall ist er klein genug, um über Jahrhunderte hinweg trotz seiner gut sichtbaren Positionierung der breiten Öffentlichkeit zu entgehen.

Den Sex-Shop zu betreten fühlte sich dann auch an, wie

durch das Riesentor des Stephansdoms zu schreiten. Ein langer Gang führte in das Geschäft, nur dass seine Wände nicht mit Säulen und Statuen geschmückt waren, sondern mit allerlei bunten Sexartikeln in großen Auslagen.

Im Shop waren die verschiedenen Waren geschmackvoll präsentiert wie in einem noblen Drogeriemarkt. Trotzdem kam ich mir vor wie ein Spanner, während ich möglichst unauffällig und gespielt ziellos herumschlenderte. Neben mir stand ein süßes Mädchen, das mit ihrem älteren Freund das reiche Angebot an Dildos sichtete. Sie betrachtete gerade einige solide Gummi-Exemplare, deren Formen diversen Obst- und Gemüsesorten nachempfunden waren. Sie zeigte begeistert auf eine Gurke.

»Der ist aber riesig.«

Wieder eine Bestätigung, dass es doch auf die Größe ankommt. Pfefferoni waren keine dabei. Die kleineren Dinger waren für hinten gedacht. Analdildos. Oder sie sollten als Lustkugeln dienen. Irgendwie fand ich das diskriminierend. Ich weinte für meinen Schwanz eine Träne. Du bist also ein Analdildo, dachte ich.

Ich suchte lange nach den Penispumpen, fand aber nur DVDS mit Massage-Anleitungen. Ich überlegte hin und her, dann traute ich mich, eine Verkäuferin anzusprechen. Das Paar mit den Gemüseoptionen war noch in der Nähe. Deshalb senkte ich die Stimme.

»Guten Tag. Haben Sie etwas Verlässliches?«

Ich schaffte es nicht, die Frage zu Ende zu formulieren.

»Guten Tag. Etwas Verlässliches wofür?«

Sie sprach nicht laut, aber es war trotzdem für alle Kunden sehr gut hörbar.

»Ein Gerät zur Penisverlängerung.«

»Penispumpen sind in der Sadomaso-Abteilung im Untergeschoss«, sagte sie.

Es beunruhigte mich ein bisschen, dass sich das betreffende Regal in der SM-Abteilung befand. Ich bedankte mich im Flüsterton und flüchtete die Stufen hinab.

Ich ging an Ledermasken mit Zippverschlussöffnungen für Mund und Augen vorbei, passierte einige Peitschenauslagen und Sexmaschinen und gelangte zu einem Tisch mit Penisringen aus Edelstahl unter einer Glasplatte. Manche Ringe wiesen Stacheln auf. Wie weich und angenehm mein Kugellager damals dagegen ausgesehen hatte. Ich wandte mich um. In bunten Plastikverpackungen waren vor mir die Penispumpen aufgebaut.

Ich schaute mir alle Geräte genau an und las die Beschreibungen auf den Verpackungsrückseiten. Eine der Pumpen hatte sogar eine Vibrierfunktion. Hin und wieder sah ich hilfesuchend zu der Abteilungsverkäuferin. Sie sah aus wie eine der Werbeladys für SM-Telefonsex, die nach Mitternacht im Fernsehen gezeigt werden. Groß und streng, stark geschminkt, mit aufgestelltem Haar. Sie stand hinter einer breiten, schwarzen Theke.

Mein Herz raste. Ich fürchtete, wieder eine Panikattacke zu erleiden. Ich machte beruhigende Atemübungen. Endlich fasste ich Mut, nahm wahllos zwei Pumpen und ging auf die Verkäuferin zu.

»Helfen diese Pumpen wirklich?«

»Wobei sollen sie denn helfen?«

Sie sprach sehr laut. Eine junge Kundin sah zu mir herüber.

»Den Penis zu verlängern?«, fragte ich leise zurück.

»Durch die Stärkung der Erektion kommt es automatisch auch zu einer Vergrößerung des Gliedes.«

»Aha. Und welche Pumpe würden Sie mir empfehlen?«

»Keine.«

»Wie bitte?«

»Von den beiden, die Sie da in der Hand halten, keine. Die sind billig. Haben keine Saugkraft. Sie haften nicht gut. Alles Plastik.«

Zwei ältere Männer standen direkt hinter mir. Ich war mir sicher, dass sie mir zuhörten. Ich wäre am liebsten im Erdboden versunken. Zumindest mit dem Kopf. Wie ein Vogel Strauß.

»Die preisgünstigeren Modelle haben eine Cockring-Dichtung aus Gummi an der Unterseite. Sehen Sie?«

Sie deutete auf eine der Pumpen, die ich mitgebracht hatte. Dann holte sie einen glänzenden Schlüssel aus einer Lade des Tisches hervor und führte mich zu einem Glasschrank.

»Ein Preissegment weiter oben fällt die Dichtung weg. Bei diesem Modell hier ist der erzeugte Druck groß genug. Da wäre eine Dichtung überflüssig.«

Sie öffnete die Glastür und deutete auf eine Pumpe mit Pistolengriff und eine Glocke aus Plexiglas. Die Pistole kostete hundertzwanzig Euro, die Glocke hundert.

»Es gibt natürlich auch Glocken zur Stimulierung der Schamlippen oder der Brüste, und dann natürlich solche zur Stimulierung der Hoden und anderer erogener Zonen. Durch den Unterdruck in der Glocke wird viel Blut in die Zonen gesaugt. Das wirkt anregend. So anregend, dass die Pumpen sogar bei Impotenz eine gute Hilfe sind.«

Die Verkäuferin hatte mein ernsthaftes Interesse erkannt und beriet mich sehr ausführlich.

»Hier hätten wir einen Pumpenaufsatz, der von zwei Herren gleichzeitig verwendet werden kann. Die beiden Glieder werden an den zwei einander gegenüberliegenden Öffnungen eingeführt und dann gleichzeitig bepumpt. Das wird sehr gerne genommen.«

Ich hatte mich noch nie für sexuelle Praktiken interessiert, die etwas mit zwei einander gegenüberliegenden Öffnungen zu tun hatten. Aber ich fand es lustig, dass sie so beharrlich das Wort »Glied« verwendete.

»Und die billigeren Pumpen können Sie wirklich nicht empfehlen?«, fragte ich.

»Nein«, sagte sie leise, aber bestimmt.

»Warum nicht?«

»Das sind keine richtigen Pumpen. Die haben nur Saugbälle aus Gummi. Aber das hier ...«

Sie legte mir eine der Glocken an den Unterarm an und drückte ein paar Mal den Pistolenpumpengriff. Die Glocke saugte sich sofort fest.

»Das ist eine Pumpe!«

»Und gibt es Nebenwirkungen?«

»Man muss aufpassen. Nicht zu fest pumpen. Sonst bekommt man Blutergüsse wie bei einem Knutschfleck. Einige wenige Herren haben sich auch schon beschwert, dass ihnen die Hoden in die Glocke rutschen. Aber die verwenden wohl nicht die richtige Glockengröße. Falls das aber trotz allem passieren sollte, kann ich einen Humbler empfehlen, wenn Ihnen das liegt.«

Ich wusste nicht, wovon sie sprach.

Sie führte mich zu einer anderen Vitrine und nahm ein schmales Gerät heraus, das mich an den Holzkragen einer Guillotine erinnerte. Es waren zwei durch ein Scharnier verbundene, schwarz lackierte Leisten mit jeweils einer halbkreisförmigen Auswölbung in der Mitte. Mir wurde schnell klar, dass es sich um eine Vorrichtung zum Abklemmen des Hodensacks handelte. Damit wollte ich nichts zu tun haben.

»Hatten Sie auch an Tabletten gedacht?«

»Gibt es denn gute?«

»Alle unsere Präparate wurden getestet und auf Unbedenklichkeit hin überprüft. Wir garantieren dafür, dass sie keine gesundheitsschädigende Wirkung haben. Hier hätten wir ein sehr beliebtes Präparat. Mit Rotweinextrakt. Es ist derzeit in Aktion. Die Packung mit vierundzwanzig Stück kostet sechzig Euro.«

»Und die wirken wirklich?«

»Dafür können wir selbstverständlich nicht garantieren. Aber sie sind, wie gesagt, nicht gesundheitsschädlich. Alles rein pflanzlich.«

Sechzig Euro dafür, dass ich meine Gesundheit nicht schädigte, schien mir ein stolzer Preis zu sein. Und von Rotweinextrakt hatte ich schon einmal im Internet gelesen. Auf einer Seite wurde behauptet, dass die Franzosen wegen ihres Rotweinkonsums so lange Schwänze hätten. Aber egal, wie komisch das klingen mag, ich war bereit, alles zu glauben.

»Und hier hätten wir noch andere pflanzliche Präparate. Ginkgo und Maca, beides wieder in Tablettenform.«

»So etwas Ähnliches habe ich auch schon in Apotheken gesehen.«

»Dort werden Mittel aus diesen Pflanzen meistens zur Konzentrationssteigerung, gegen Rückenschmerzen oder auch gegen Tinitus verkauft. Diese Wirkstoffe sind eben sehr vielseitig einsetzbar.«

Offenbar boten Sex-Shops jedes Mittel, das ganz allgemein die Durchblutung förderte, zur Vergrößerung der Erektion an.

»Dann hätten wir noch ein Gel zur Durchblutungsförderung, für nur zwanzig Euro.«

Da könnte ich mir gleich einen herunterholen, dachte ich. Das fördert die Durchblutung auch. Aber vielleicht eben nicht so optimal. Ich dachte an die Mentholsalbe, mit der meine Mutter einmal meine Bronchitis behandelt hatte.

Die Verkäuferin lachte hell auf, als ich ihr meine Überlegungen präsentierte.

»Denken Sie bitte daran, was Menthol sonst noch so alles bewirkt. Sie können Ihr Glied auch mit Chili-Paste einreiben. Die Frage ist bloß, ob Sie sich das antun wollen.«

Sie musterte mich abschätzig, als würde sie sich fragen, ob ich den in der Nähe aufgebauten Folterstuhl ertragen könnte. Dass sie so laut sprach, fiel mir jetzt gar nicht mehr auf. Auch schien ich ganz vergessen zu haben, dass das Thema eigentlich peinlich war. Jetzt fühlte ich mich, als würde ich tatsächlich für ein Referat recherchieren. Vielleicht lernten Sex-Shop-Mitarbeiterinnen das in ihrem Verkaufstraining. Das sollte mir recht sein. Wenn sie mir gesagt hätte, ich solle Elefantenohren essen, um einen Elefantenrüssel zu bekommen, hätte ich ihren Befehl wahrscheinlich befolgt.

»Also gut. Ich nehme von allem je ein Stück«, sagte ich.

»Je ein Stück?«

»Ja. Und dazu diese violette Pumpe.«

Ich zeigte auf eine der billigen Pumpen, deren Verpackung mir gefiel, weil auf ihr eine hübsche Blondine abgebildet war.

»Und dazu noch die Pumpe mit Pistolengriff und eine Penisglocke, bitte.«

»In welcher Größe?«

Sie flüsterte auf einmal. Dabei war ihre Stimme bis jetzt so laut gewesen. Sie war sicher nervös, dass ich mir das mit meinem Einkauf noch anders überlegen könnte. Sie war nervöser als ich. Das gab mir unglaublich viel Selbstsicherheit.

»Ich habe ein kleines Glied«, posaunte ich aus und verwendete dabei ihr Vokabular. »Elf Zentimeter.«

»Das ist dann die kleinste Größe«, flüsterte sie.

Dann fragte sie mich noch schnell, ob ich lieber eine zylindrische oder eine spitz zulaufende Glocke wolle. Die zylindrische würde den Schwanz eher in die Breite ziehen, die spitze eher in die Länge. Ich nahm eine spitze, weil sie mir ästhetischer erschien.

Rasch raffte sie meine Einkäufe zusammen, um sie in blickdichte schwarze Plastiktaschen zu packen. Sie eilte mit mir zur Kassa. Als das Mädchen an der Kassa den Preis nannte, hörte ich weg.

»Mit Bankomat bitte.«

Ich fragte mich, ob die Verkäuferin am Wochenende ihren Freundinnen von mir erzählen würde.

29

Die folgenden Tage verbrachte ich sehr zurückgezogen. Meiner Familie gegenüber erklärte ich, ich würde mich auf mein neues Programm konzentrieren. Ich wolle ungestört bleiben. Vor allem wegen meiner Großmutter war Vorsicht geboten. Ich machte das Verriegeln der Tür zum Ritual, auch wenn ich nur harmlos ein Buch las.

Akribisch entwickelte ich eine Kombinationstherapie samt detailliertem Zeitplan. Ich vermerkte genau, wann welche Übung dran war, wie oft welches Gerät zur Anwendung kommen sollte, wann welche Pillen einzunehmen waren.

Ich notierte alles in einer Tabelle, die von nun an über meinem Schreibtisch hing. Meiner Großmutter entging sie natürlich nicht, als sie eines Tages aus Neugierde mit mir ins Zimmer schlüpfte.

»Was ist denn das?«

»Der Bauplan für mein neues Programm.«

»Du arbeitest jetzt schon sehr professionell.«

Es geht ja auch um mein bestes Stück, dachte ich.

Wenn mein Plan funktionierte, würde ich meine Methode anders als die vielen Schwanzlängen-Nerds im Internet tunlichst für mich behalten. Und zwar nicht nur deshalb, weil mir kein passender Name einfiel. Ich dachte zwar etwa an »südturm2000« oder auch an »masterhorse11«, aber schließlich war mir doch klar, dass solche Fragestellungen nebensächlich waren. Vor allem aber dämmerte mir langsam Regel Nummer drei beim Umgang eines Mannes mit seinem Schwanz, die Schwanzlängenrelativitätstheorie.

3.

Verrate keine Details über eine erfolgreiche Schwanzverlängerung. Denn je kürzer der Durchschnittsschwanz bleibt, desto mehr ist jeder Zentimeter, den du dazugewinnst, wert.

Neben Konsequenz verordnete ich mir auch Geduld. Übereilte Zwischenmessungen verbot ich mir. Erst für den Tag Hundert nach Start meines Programms trug ich ein »KM 1« in meine Tabelle ein und machte einen roten Kreis rundherum. Kontrollmessung eins. Meine Motivation holte ich mir aus meinen Träumen, in denen Sabine zu mir sprach.

»Mein Gott, deiner ist ja so groß wie eine Gurke! Du bist der beste Liebhaber der Welt!«

Ob die Ginkgo-, Maca- und Rotweinextrakttabletten Wirkung zeigten, weiß ich nicht. Auf jeden Fall war die billige violette Penisverlängerungspumpe völlig wirkungslos. Der Penisring aus Gummi an ihrem Ansatz dichtete überhaupt nicht. Der Saugball aus Gummi war viel zu schwach. Außerdem war die Glocke undurchsichtig. Man konnte seinen Schwanz nicht sehen. Das war beunruhigend.

Ich hatte einmal gelesen, dass man mit billigen Pumpenmodellen anfangen soll. Wenn man Fahrradfahren lernt, kauft man sich auch kein Rennrad für die Tour de France. Diesem Rat musste ich nach meinem ersten Versuch mit der teuren Pumpe entschieden widersprechen. Die saugte nämlich prächtig.

Ich machte alles so, wie es in einer Anleitung beschrieben war. Zuerst wärmte ich meinen Schwanz in der Dusche auf. Dann jelqte ich hundert Mal. Mit Gleitgel. Der Schwanz soll für das Pumpen gut durchblutet sein.

Ich nahm den Pumpenpistolengriff zur Hand. Er erinnerte

mich an eine Kneifzange, war ganz aus Metall und mit rotem Gummi überzogen. Außerdem war er mit einer Druckanzeige versehen. Null bis dreißig inHg beziehungsweise null bis 760 mmHg. Die Abkürzungen stehen für das Ausbreiten einer Quecksilbersäule bei Unterdruck in Inch und in Millimetern.

Von der Unterseite des Pistolengriffs hing ein Schlauch. Ich verband das Schlauchende über einen Dichtungsverschluss mit der Plexiglasglocke. Dann setzte ich mich aufs Bett, tat die Beine leicht auseinander. Gespannt legte ich die Glocke über meinen halbsteifen Schwanz. Ich pumpte einige Male. Das Plexiglas saugte sich in meine Haut, sodass ich das Gefühl hatte, es würde schon am Schambein kratzen. Es war schön sichtbar, wie sich mein Schwanz mit Blut füllte, in wenigen Sekunden war die Eichel dunkelrot. Als die Druckanzeige bei zwölf inHg war, tat es weh. Besonders meine Eichel war schon etwas zu prall. Und der Unterdruck saugte auch schon an meinem Hodensack. Ich bekam Angst, dass meine Samenproduktion in Mitleidenschaft gezogen werden könnte, und öffnete sofort das Drehventil an der Spitze der Glocke.

Gleich darauf hielt ich mich für einen Feigling. Ich setzte die Glocke wieder an und pumpte bis zu einem Unterdruck von wenig über zehn inHg. Das war noch erträglich. Ich wartete zehn Minuten, wie es in der Anleitung gestanden war. Dann öffnete ich das Ventil und gönnte meinem Ständer fünf Minuten Pause. Nachher melkte ich wieder hundert Mal. Das ganze musste drei Mal wiederholt werden.

Ich hatte es offenbar etwas übertrieben, denn auf meiner Eichel hatten sich kleine Blutergüsse gebildet. Am nächsten Tag waren sie aber wieder verblasst.

Meine Kombinationstherapie sah so aus, dass ich anleitungsgemäß alle zwei Tage am Nachmittag pumpte, jeden Abend das durchblutungsfördernde Gel auftrug und jeden Morgen eines der drei Medikamente einnahm.

Zusätzlich übte ich mich weiter in den Massage-Methoden. Dabei wandte ich die anspruchsvolleren nur alle vier Tage an, die einfacheren wiederholte ich zweihundert Mal jeden Morgen.

Das erste große logistische Problem bestand darin, dass ich nicht wusste, wo ich meine Gerätschaften und Zaubermittel aufbewahren sollte. Sie zu den Pornoheften unter die Matratze zu legen, kam logischerweise nicht in Frage. Ich wollte meine sündteure Pumpe ja nicht zerdrücken. Unter dem Bett lagen sie einen Tag lang, bis ich bemerkte, dass aus der gegenüberliegenden Ecke des Zimmers alles sichtbar war. Im Schreibtisch konnte ich die Pumpe auch nicht lassen. Dort wäre sie mir zu nah gewesen, ich hätte zu viel an sie denken müssen. Die Sockenlade war genauso wenig ein geeigneter Platz. Immerhin machte sich oft entweder meine fürsorgliche Mutter oder meine noch weit fürsorglichere Großmutter an diesem Ort zu schaffen.

Schließlich verstaute ich alles oben auf dem Schrank hinter einigen Kisten mit Schulbüchern und Spielzeug aus der Kindheit. Dabei staubte ich alles feinsäuberlich ab. Diese Heldentat verkündete ich meiner ganzen Familie, damit auch ja niemand auf die Idee käme, dieses Versteck für mich zu putzen.

Mit meiner Plexiglaspumpe ging ich um wie mit einem Hochpräzisionswerkzeug. Ich reinigte die Glocke nach jeder Verwendung, indem ich sie mit Wasser und einem Geschirrspülmittel füllte, zehn Minuten stehen ließ und dann mit einer weichen Flaschenputzbürste schrubbte. Sie wäre zwar auch geschirrspülerfest gewesen, aber sie zu den Tellern und Messern meiner Familie zu legen war natürlich nicht möglich. Der

Pistolengriffpumpe gönnte ich ab und zu einen Schuss Maschinenöl.

Auf die violette Plastikpumpe achtete ich hingegen weniger. Einmal, als ich ihr noch eine Chance geben wollte und sie wieder nicht fest genug saugte, warf ich sie zornig durchs Zimmer. Sie bekam einen Sprung. Ich behielt sie dennoch. Sie hatte immerhin sechzig Euro gekostet.

Ich fühlte mich während der ersten Therapiewochen unglaublich stark und arbeitsfähig. Ich wusste aber nicht, ob das an meiner Zuversicht lag, bald in den Sex-Shop zu gehen, um eine größere Glocke zu kaufen, oder daran, dass ich täglich durchblutungsfördernde Tabletten schluckte.

Ich war mir sicher, dass sich mein Schwanz bei jedem Pumpen um mindestens einen Zehntelmillimeter vergrößerte.

Sabine, ich komme!

30

Ab Woche zwei hatte ich den Verdacht, dass ich Wanderhoden bekam. Ich wusste zwar nicht genau, was Wanderhoden waren, aber der Begriff war mir aus der Liste möglicher Nebenwirkungen geläufig. Zudem bekam ich Schmerzen in der Lendengegend. Womöglich waren die Produkte gar nicht so gut geprüft, wie die Verkäuferin behauptet hatte. Womöglich verstärkte meine Kombinationsbehandlung die einzelnen Nebenwirkungen, vielleicht generierte sie noch unbekannte neue. Am Ende war ich dann womöglich unten ohne – nämlich ganz ohne.

Ich ergänzte meine Verlängerungsagenda um regelmäßige Selbstuntersuchungen, bei denen ich meine Schreibtischlampe und einen Handspiegel verwendete. Dabei tastete ich meinen Schwanz, die Hoden sowie die benachbarten Regionen sorgfältig ab.

Wenn ich irgendetwas Verdächtiges bemerkte, überprüfte ich augenblicklich die Liste der bekannten Nebenwirkungen. Es fand sich immer etwas Passendes. Ich setzte das Gerät oder das Präparat, dem ich die Nebenwirkung zuschrieb, für einige Tage ab.

Um in meinem Plan nicht zurückzubleiben, intensivierte ich im Gegenzug die anderen Behandlungen. So musste ich den Tabletten- und Creme-Anteil erheblich steigern, nachdem durch den intensiven Einsatz der Pumpe die Blutergüsse auf der Eichel immer schlimmer wurden.

Der Lendenschmerz legte sich aber nicht. Ich fand heraus, dass er mit meinen erotischen Träumen von Sabine zusam-

menhing. Er war immer dann da, wenn ich aus so einem Traum erwachte. Bräutigamsschmerz, der durch eine zu lang andauernde Erektion ausgelöst wurde, war es wahrscheinlich keiner. Sonst wäre er doch verschwunden, sobald ich mir selbst Erleichterung verschafft hatte. Die Träume von Sabine waren aber mein Lebenselixier. Ihre Wortwahl, wenn sie meinen Schwanz betrachtete, war meist knapp und eindeutig.

»Mein Gott.«

»Ein Wunder.«

»Wahnsinn.«

Das konnte nur ein gutes Zeichen sein. Deshalb machte ich weiter, versuchte aber, mein Programm zu variieren. Doch der Schmerz in meinen Lenden wurde immer stärker und hielt mich immer häufiger wach. Und das, obwohl ich zuerst die Medikamente absetzte und, als das nichts nützte, weniger pumpte und mehr massierte. Oft schlief ich bis in den Nachmittag hinein und schreckte dann fahrig und verwirrt hoch. Die Punkte auf meiner Behandlungstabelle arbeitete ich dennoch weiter penibel ab.

Eines Abends war meine Diagnose klar. Ich war mir sicher, dass die Hoden ein Stück in den Körper hineingerutscht waren. Sie schienen mir nicht mehr so gut greifbar zu sein. Außerdem wurden die Schmerzen stärker. Wanderhoden. Eindeutig. Ich befürchtete das Schlimmste. Wandernde Hoden tauchten irgendwann wahrscheinlich irgendwo im Körper auf, wo sie gar nichts verloren hatten.

In dieser Nacht veränderte sich auch mein Traum von Sabine. Sie sah mich entsetzt an und zeigte angewidert auf mein Gesicht.

»Oh Gott! Wie kommen denn nur deine Hoden da hin?«, fragte sie.

Mit den schlimmsten Lendenschmerzen, die ich je gehabt hatte, schleppte ich mich am Morgen ins Bad. Mein Gesicht war von einem juckenden Ausschlag befallen. Ich raffte meine gesamte Ausrüstung samt aller Tabletten und der Agenda zusammen. Was klein genug war, spülte ich im Klo hinunter. Den Rest entsorgte ich im Müllcontainer vor unserem Haus. Nach einer doppelten Dosis Schmerzmittel schlief ich erschöpft und erleichtert ein.

31

Für eine Weile normalisierte sich mein Leben wieder etwas. Ich hatte wieder soziale Kontakte und besuchte Johanna und Fabian regelmäßiger als zuletzt. Hätte ich auch noch einen Job gehabt, hätte ich das Thema Penislänge für den Moment vielleicht wieder vergessen.

Möglicherweise fehlte mir bloß das Gleichgewicht, das mir regelmäßige Arbeit gebracht hätte. Ich wusste schon, dass inneres Gleichgewicht viel mit der Beziehung eines Mannes zu seinem Schwanz zu tun hat. Arbeitslose sind viel eher sexbesessen als Berufstätige und übermäßig gestresste Männer neigen zum Kampfonanieren. Vielleicht lag mein Verlängerungswahn nur an meiner verqueren Beziehungsstruktur, daran, dass ich mit vierundzwanzig noch immer bei meinen Eltern wohnte, und daran, dass mich mein Exchef bei der Bahn weiter vertröstete. Sicher war ich aber nicht, denn auch vom besten Job der Welt wird ein Schwanz natürlich nicht länger. Ich hoffte es trotzdem. Aus all diesen Erfahrungen legte ich für mich Regel Nummer vier fest.

4.
Der Schwanz eines Mannes sollte für ihn
nicht ständig im Mittelpunkt stehen.
Irgendwann tut das weh.

Ich konzentrierte mich stärker auf mein Programm. Die kabarettistische Aufarbeitung meines Themas würde mir mehr Distanz zu meiner Körpermitte bringen, hoffte ich nun. Doch es kam genau umgekehrt. Als ich die Frage der Penisverlängerung aus dieser Perspektive neu recherchierte, stieß ich auf eine Privatklinik in Palma de Mallorca. Diese Klinik bot operative Penisverlängerungen an. Ich mochte die Vorstellung, die das bei mir auslöste. Zwischen zwei Eimern Sangria schnell mal in die Klinik und hinterher gleich mit dem neuen körpereigenen Riesen-Ballermann herumfuchteln. Ich fand heraus, dass es solche Kliniken auch in vielen anderen Städten, wie etwa Rom und Paris, gibt. In Österreich allerdings fand ich keine, dafür aber in einer deutschen Kleinstadt.

Einmal hinlegen und alles wäre gut. Es war so verlockend. Einer der Urologen, die ich konsultiert hatte, hatte es bereits erwähnt: Eine Penisverlängerung war eine kosmetische Operation, und kosmetische Operationen waren keine große Sache mehr. Sie waren Routine. Sie gehörten fast schon zum guten Ton. Augenlider, Nase, Lippen, Kinn, Brüste – alles wurde operiert. Manche Frauen übertrieben dabei und sahen dann erschreckend aus. Das schäbige Trachten nach ewiger Jugend machte sie zu modernen Frankensteins. Die gespannte Haut über ihren entstellten Gesichtern mit den merkwürdigen Ausbeulungen manifestierte auf traurige Weise den Zustand des Zwiespalts zwischen Körper und Seele.

Aber ein Schwanz muss nicht schön sein. Er muss nur lang und nach Möglichkeit dick sein. Ein paar Spuren des Lebens machen ihn womöglich sogar attraktiver.

Natürlich musste ich mich mit den gesundheitlichen Risiken befassen. Ich wäre dumm gewesen, wenn ich das nach meinen Erfahrungen mit den Eigenbau-Methoden unterlassen hätte. Ich war mir aber nicht sicher, ob ich die Warnungen auch ernstnehmen würde.

Auch bei anderen kosmetischen Operationen gab es immer

warnende Stimmen. Dennoch waren mir abgesehen vom Zombie-Look, den die Frauen gegen die Erotik und die Würde des Älterwerdens tauschten, keine ernsten Probleme bekannt. Gut, operierte Brüste konnten bei Flugreisen platzen. Aber das sollte mich nicht weiter stören.

Es galt auch, die richtige Operation für mich zu finden. Die Paraffin-Injektion zum Beispiel hörte sich verlockend einfach an. Noch dazu hatte sie ein Österreicher erfunden, was mein Vertrauen nährte. Der menschliche Körper resorbiert Paraffin nicht, weshalb es sich dafür eignet, einem zu klein geratenen Schwanz etwas nachzuhelfen. Ein bisschen zu denken gab mir allerdings ein Vermerk auf Wikipedia, dem zufolge die Methode nur noch in Korea und in osteuropäischen Ländern angewendet wird, und zwar vorwiegend von Nicht-Medizinern. Die aktuellste Studie über Nebenwirkungen stammte auch aus Korea. Die Augen vor ihren Ergebnissen zu verschließen war schwierig. Bei einem Großteil der Patienten hatten sich früher oder später sogenannte Paraffinome gebildet. Dabei handelt es sich um Verformungen des Penis, die ihn für sexuelle Kontakte unbrauchbar machen und die mit großen Schmerzen verbunden sind. Paraffinome lassen den Schwanz aussehen wie einen vergammelten Herrenpilz. Das gestockte Paraffin muss herausgeschnitten werden, was schmerzhaft ist und hässliche Narben hinterlässt.

Es gibt aber auch eine Art Bio-Variante, bei der statt Paraffin Eigenfett zur Anwendung kommt. Fettgewebe wird aus anderen Stellen des Körpers entnommen und im Schwanz eingesetzt. Ein bisschen weniger Bauch also, und dafür etwas mehr Schwanz. Ich stellte mir vor, wie ich Sabine während dem Liebesakt ins Ohr flüsterte, dass es in Wirklichkeit mein Bauch war, mit dem ich sie gerade beglückte. Vermutlich wäre sie schreiend davongerannt und womöglich sogar in ein Kloster eingetreten, damit ihr so etwas nie wieder passieren konnte. Aber das war egal. Ich war zwar noch nie gut im Bewahren von Geheimnissen gewesen, aber irgendwann wollte ich das sowieso lernen.

Routine schien die Eigenfett-Methode aber noch nicht zu sein. Sie war nur etwas für Spezialisten unter den Ärzten. Sie mussten zum Beispiel ganz genau wissen, welches Fettgewebe sich für die Transplantation eignete. Also vielleicht doch nicht Bauch. Das machte im Prinzip wenig Unterschied.

»Das in dir, mein Schatz, ist eigentlich meine linke Schulter.«

Das war auch nicht besser.

Wenn die Ärzte etwas falsch machten, würde das Ganze allerdings umsonst gewesen sein. Dann würde mein Körper das überschüssige Fett absorbieren und nach und nach den alten Zustand wiederherstellen. Ich las aber, dass die Ärzte in Deutschland behaupteten, den richtigen Dreh herausgefunden zu haben. Allerdings verkauften sie weniger Länge als Durchmesser.

Prothesen kamen für mich zum Glück nicht in Betracht. Sie sind für Patienten gedacht, die an totaler Impotenz, meist in Folge einer krebsbedingten Prostata-Entfernung, leiden. Sie bekommen eine Art Erektionsautomaten. Unter ihre nicht mehr funktionstüchtigen Schwellkörper werden künstliche implantiert. Mittels einer im Hodensack versteckten Pumpe kann der Patient seinen Schwanz versteifen. Das geht angeblich ganz einfach und unauffällig. Hoffentlich auch lautlos.

Der Königsweg der operativen Schwanzverlängerung ist aber offenbar das Durchtrennen der Haltebänder, die ich bei meinen ersten Massageexperimenten zu dehnen versucht hatte.

Sobald der Penis aus dem Körper herausgerutscht ist, wird die Aufhängung mit körpereigenem Material erneuert. Angeblich handelt es sich dabei um einen relativ kleinen, auch ambulant durchführbaren Eingriff.

Es sei eine sichere Methode, weil der Penis dabei nicht verletzt werde, hieß es auf der Homepage der deutschen Privatklinik. Und höchst wirksam sei der Eingriff auch, weil er dort nur von internationalen Spezialisten mit langjähriger Operationspraxis durchgeführt werde. Längengewinn: mindestens drei Zentimeter. Häufig aber auch mehr. Das wären dann vierzehn oder fünfzehn oder sechzehn. Vielleicht aber auch nur dreizehn, weil die Angaben auf solchen Seiten vermutlich immer ein bisschen übertrieben sind. Der Auftritt der Privatklinik war nicht gerade reißerisch, hundertprozentig seriös wirkte er aber auch nicht auf mich. Die Sprache war etwas salopp und schlampig.

Im Paket mit der Verdickung durch Eigenfett kostete die Operation 8900 Euro. Als arbeitsloser Jungvater war ich pleite. Dennoch rief ich in der Klinik an. Viele große Ideen sind schon daran gescheitert, dass kleinliche Leute an der falschen Stelle gespart haben. Außerdem musste ich meinen Schwanz auch als Gesamtinvestition betrachten. Wenn ich jetzt aufgegeben hätte, wären meine Ausgaben im Sex-Shop völlig umsonst gewesen.

Ich war bereit, noch am selben Tag aufzubrechen, doch ich bekam erst für drei Wochen später einen Beratungstermin. Bis dahin war angeblich alles ausgebucht. Womit sich mir die Frage aufdrängte, wer sonst noch dort hinfuhr und wer von meinen Mitmenschen sich sein Ding, mit dem er mir die Frauen wegnahm, maßschneidern hatte lassen. Dieter Bohlen zum Beispiel. Warum war der damals wirklich schreiend ins Badezimmer gerannt? Wegen einem Penisbruch? Oder war das Knallen davon gekommen, dass das Halteband an der operierten Stelle gerissen war? Vielleicht konnten Eigenfettimplantate bei starker Belastung ja explodieren wie Silikonbrüste im Flugzeug?

Meine Jury würde allerdings wahrscheinlich nur die natürliche Länge abschätzen können. Nicht die nach einer Operation.

32

Ich löste mein Sparbuch auf und kündigte den Bausparvertrag. Einst hatten ihn meine Eltern für mich abgeschlossen, inzwischen zahlte ich selbst ein. Das Geld würde für den Eingriff reichen. Am Weg von der Bank nach Hause erreichte mich ein Anruf des Personalmanagements der Bahn. Eine Stelle am Westbahnhof war frei geworden. Ich sollte dort in Zukunft die VIP-Lounge betreuen.

»Das Vorstellungsgespräch wird nur noch eine Formalität sein«, sagte die freundliche Dame am Telefon. »Wir kennen Sie ja bereits von früher und wir waren mit Ihrer Arbeit immer sehr zufrieden.«

Bereits in der darauffolgenden Woche konnte ich den Dienst antreten. Vorsorglich legte ich meine freien Tage gleich so, dass meinem Klinik-Termin nichts im Wege stand. Wenn alles glattging, würde ich in Kürze ein Jungvater mit sicherem Job und ordentlichem Schwanz sein. Mein Schicksal meinte es offenbar doch gut mit mir. Ein Druck, der mir gar nicht mehr bewusst gewesen war, fiel von mir ab.

»Vielleicht findest du jetzt ja auch wieder ein Mädchen«, sagte meine Großmutter. »Du musst ihr ja nicht gleich am ersten Abend erzählen, dass du schon ein Kind hast.«

Der Job war in Ordnung. Ich hatte Aufgaben, Pflichten und eine Arbeitsroutine. Mit kleinen Effekten ließ sich große Wirkung erzielen. Reisende waren schon glücklich zu machen, wenn ich ihnen inmitten der Hektik ein Lächeln schenkte oder ihnen sagte, wo sie ihre Koffer hinstellen konnten. Wenn ich zwei Tage hintereinander Dienst hatte, übernachtete ich am

Westbahnhof. Ich fing um sechs Uhr morgens an, und es hätte sich nicht ausgezahlt, abends heimzufahren und am nächsten Morgen um vier Uhr wieder aufzubrechen. Die Bahn stellte uns dafür Zimmer zur Verfügung. Sie waren klein und karg eingerichtet, erfüllten ihren Zweck aber allemal. Jeweils zwei dieser Zimmer lagen so nebeneinander, dass sich ihre Türen in denselben Vorraum öffneten. Die Betten standen praktisch direkt nebeneinander, getrennt nur durch eine dünne Wand, sodass man jedes Geräusch seines Nachbarn hören konnte. Mein Nachbar war eine Nachbarin, hieß Tatjana und war sehr hübsch.

Tatjana war mir schon bei der Einschulung aufgefallen. Ich war ziemlich begeistert gewesen, als sich herausgestellt hatte, dass sie vorläufig gemeinsam mit mir Dienst haben würde. Ich legte um sechs Uhr Früh die internationalen Zeitungen in der Lounge auf, während sie die Kaffeemaschine anwarf. Wenn noch nicht viel los war, gingen wir danach erst einmal eine rauchen. Dafür mussten wir ein kaum zwei Quadratmeter großes Kämmerchen benutzen. Mit Tatjana war das kein bisschen unbequem. Ich hatte ihr gegenüber keine Hemmungen, wie ich sie sonst bei Frauen hatte. Alles entwickelte sich ganz selbstverständlich. Wir verbrachten von Anfang an auch unsere freie Zeit miteinander. Nach einer Woche drückte ich ihr während einer unserer Rauchpausen einen Kuss auf den Mund, als wäre es das Selbstverständlichste der Welt und ich James Dean. Danke, liebes Schicksal, dachte ich dabei. Ich nahm mir ausnahmsweise, was mir das Schicksal bot, ohne lange nachzudenken. Selbst meine zwanghaften Gedanken an ein Liebesglück mit Sabine waren auf einmal wie weggeblasen. Alles ging mir unglaublich leicht von der Hand.

»Er hat sich verliebt«, sagte meine Großmutter.

»Lass ihn doch«, sagte meine Mutter.

»Hast du dich verliebt?«, fragte mein Vater.

»Ja«, sagte meine Mutter, »hast du dich verliebt?«

»Lasst ihn doch«, sagte meine Großmutter.

Tatjana teilte sogar meine Leidenschaft für Motorräder. Sie erzählte mir von ihrem ersten Freund, der sie mit einer 750er Suzuki von der Schule abgeholt hatte. Er war deutlich älter als sie gewesen und hatte sein Wissen über Motorräder und deren Wartung an sie weitergegeben, ehe sie sich nach einem Jahr getrennt hatten. Sie verstand tatsächlich mehr davon als ich. Auch das störte mich nicht. Ich erzählte ihr von Jakobs und meinem spektakulären Unfall. Wie anders mein Leben damals noch war, dachte ich, während ich genüsslich ausführte, wie ich haarscharf mit dem Vorderrad an Jakobs Kopf vorbeigeschlittert war.

Auf eine altmodische Art fanden wir zueinander. Wir bildeten eine Zwei-Personen-Insel inmitten der Chaoswelt aus hysterischen One-Night-Stands, gellendem Sexgeschrei, Beziehungsängsten und etwas, das sich als Single-Markt bezeichnet.

»Am schlimmsten sind die Flirt-Schulen«, sagte Tatjana einmal. »Da wird einem eingeredet, dass man sich auf eine ganz bestimmte Art zu benehmen hat, wenn man den nächsten Aufriss machen will. Und wir sind auch noch dumm genug, für solchen Unfug zu bezahlen.«

Wie klug sie war. Sie konnte alle Dinge so erklären, dass sie einem sofort einleuchteten. Mir zumindest.

»Am Ende lassen sich dann alle operieren, damit sie ihre Marktchancen verbessern«, sagte sie. »Euch Männer lassen sie damit auch nicht mehr in Ruhe. Wirf mal einen Blick in die Magazine, die du am Morgen immer auflegst. Jetzt sind operative Penisvergrößerungen im Kommen.«

Tatjana konnte noch nichts über meine Maße wissen. So weit waren wir noch nicht. Es sei denn, sie gehörte auch zu den Frauen, die ihre Schlussfolgerungen aus dem Schnitt des Gesichts, der Statur und anderen körperlichen Merkmalen zogen.

»Ihr Männer lasst euch diesen Blödsinn genauso einreden wie wir Frauen uns die Silikonimplantate. Am Ende bekommt ihr vor lauter Stress keinen mehr hoch. Dabei kommt es auf solche Dinge nicht an. Wenn es einem Mann Spaß macht, ist er auch ein guter Liebhaber. Alles andere sind Legenden.«

Ich hatte noch nie ein weibliches Wesen so offen über dieses Thema sprechen gehört. Tatjana war wirklich eine außergewöhnliche Frau.

Trotzdem stellte ich zuerst keinen Zusammenhang zwischen dem, was sie sagte, und meinem näher rückenden Beratungstermin in der Klinik her.

Das Geld für die Operation steckte in einem Kuvert mit der Aufschrift »Mindestens dreizehn!«. Ich war entschlossen, das durchzuziehen.

Tatjana und ich befanden uns gerade in einer Phase der Annäherung. Ich konnte mir keine körperliche Unzulänglichkeit ihrerseits vorstellen, die an meiner Zuneigung zu ihr noch etwas geändert hätte. Umgekehrt war ich mir da aber nicht so sicher. Und außerdem würde sich die Längenfrage irgendwann bestimmt doch wieder stellen. Spätestens dann würde es sich bezahlt machen, wenn ich zuvor in dieser Klinik gewesen war.

Deshalb musste ich rasch handeln. Unsere erste Liebesnacht war nur noch eine Frage der Zeit. Und ich wollte Tatjana nichts von den spezialisierten Doktoren erzählen, sondern mein Ding als von Gott gegeben präsentieren. Deshalb konnte ich nicht zuerst mit elf Zentimetern aufkreuzen und wenig später mit »Mindestens dreizehn!«.

»Tut mir leid, aber nächstes Wochenende kann ich nicht«, sagte ich zu Tatjana.

Sie hatte vorgeschlagen, dass wir von Freitag bis Sonntag wegfahren könnten.

»Wir haben daheim in Hainfeld eine Familienfeier.«

Ich wollte es nicht wieder so machen wie damals bei Sabine und mich monatelang als Zicke präsentieren, die Angst hat, die Hose herunterzulassen. Diesmal wollte ich vorher für alles vorgesorgt haben. Diesmal wollte ich einen Großen haben. An der Reise in die Verlängerungsklinik war nicht mehr zu rütteln.

33

Nur noch dieser eine Schritt, und dann würde alles gut sein, zumindest so lange, bis im Alter die Erektionsprobleme anfingen. Aber für die würde ich mit meinen Erfahrungen dann auch schon gerüstet sein.

Um mir kein Hotel leisten zu müssen, lieh ich mir den alten Wohnwagen von Jakobs Eltern. Er stand seit Jahren unbenutzt in ihrer Garage, war aber voll funktionstüchtig. Die Eltern meines besten Freundes vertrauten mir und wollten gar nicht so genau wissen, was ich in irgendeinem deutschen Kaff so vorhatte.

»Es ist wegen dem Kabarett«, sagte ich.

Das reichte ihnen.

Jakob wollte mitkommen, weil wir nun schon lange nichts mehr miteinander unternommen hatten.

»Ich brauche ein bisschen Zeit für mich«, sagte ich. »Machen wir ein anderes Mal etwas.«

Aus sechs Stunden und einundzwanzig Minuten für die 688 Kilometer, die der Routenplaner ausgespuckt hatte, wurde mit dem Wohnwagen nichts. Trotz des üppigen Zeitpolsters, den ich eingebaut hatte, schaffte ich meinen für fünf Uhr nachmittags angesetzten Termin in der Klinik nur knapp und in ziemlich aufgelöstem Zustand. Vielleicht interpretieren sie das ja als Folge meines Leidensdruckes und geben mir Preisnachlass, dachte ich.

Erst nach einiger Herumfragerei erreichte ich das nicht eben im Stadtzentrum gelegene, unauffällige Backsteingebäude, in dem sich die Klinik befand. Von außen sah das Ding eher aus

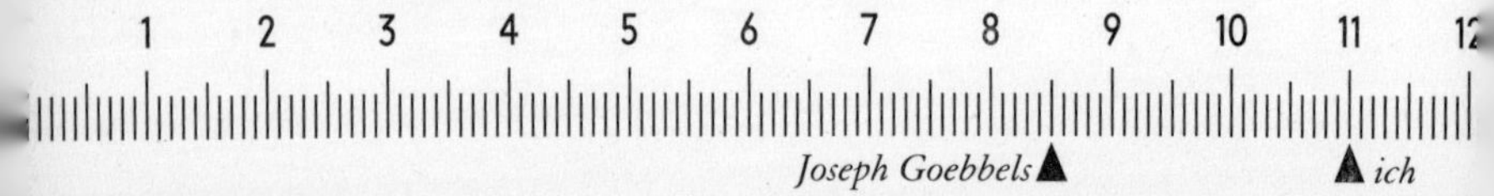

wie ein Pensionistenwohnheim. Und drinnen war es auch nicht viel anders: Resopaltische, unansehnliche Zimmerpflanzen und eine Leseecke. Entweder die verdienten hier nicht ganz so viel, wie ihr weltmännischer Web-Auftritt suggerierte, oder die Betreiber waren einfach zu geizig, um etwas in den Stil dieser Anstalt zu investieren. Solange medizinisch alles rundlief, war mir das freilich herzlich egal. Genau das dachten sich wohl auch die Klinik-Besitzer und ließen die Einrichtung deshalb, wie sie war.

Auf einem orangefarbenen Plastikstuhl wartete ich auf das Beratungsgespräch, das vorgeschrieben war, bevor man sich für eine Operation entschied.

»Wie bei einer Abtreibung«, dachte ich unwillkürlich.

Mir wurde langweilig. Das Orange der Sessel erinnerte mich an meinen schon fast vergessenen Regisseur. Ich stellte mir vor, dass er jetzt neben mir saß und mir in seiner Bühnensprache erklärte, wie viele Fehler man bei einer Penis-OP machen konnte.

»Aber mach dir keine Sorgen, Stefan, bevor du alle durch hast, fällt dir der Schwanz ab – und dann redest du endlich so wie ich …«

Diese Fantasie verkürzte mir die Wartezeit. Außer mir befanden sich noch drei weitere Männer in der Wartehalle. Einer war recht jung, einer in den besten Jahren, der dritte ziemlich alt. Es ist also nie zu spät, dachte ich. So unterschiedlich wie das Alter der Männer waren auch ihre Statur und Physiognomie.

Aber meine Jury hätte bestimmt das gewisse Etwas entdeckt, das die Kürze der Penisse dieser drei Männer bewies.

Mein Name wurde aufgerufen und ich trat ein. Zwei Ärzte nahmen sich eine Menge Zeit für mich. Sie klärten mich gründlich über Risiken und Aussichten auf und ich durfte Fragen stellen. Dabei ergab sich für mich nichts, was ich nicht schon von der Homepage wusste. Dann baten die Ärzte darum, dass ich mich entkleidete. Wie sie mir erklärten, war es Politik der Klinik, nur Männer zu operieren, die tatsächlich Bedarf für eine Penisverlängerung hatten. Sie wollten nicht dabei mithelfen, ein Monster zu erschaffen, indem sie einem Mann mit einem ohnehin schon sehr großen Penis per Verlängerung einen Riesenschlegel verschafften.

Nun, da konnte ich sie beruhigen. Nachdem sie im Zuge einer urologischen Routineuntersuchung festgestellt hatten, dass mein Stück nicht nur eher klein, sondern allem Anschein nach auch gesund war, gaben sie ihr Okay.

Die korrekte Einstellung der Klinikbetreiber beeindruckte mich. Sie versuchten nicht, so viel Geld wie möglich mit zweifelhaften Schönheitsoperationen zu ergattern, sondern konzentrierten sich darauf, wirklich überdurchschnittlich kleine oder durch Krankheit entstellte Penisse zu behandeln. Außerdem gefiel es mir, dass wirklich zwei ausgebildete Ärzte, deren Lebensläufe auf der Internetseite nachzulesen waren, die Voruntersuchung durchführten.

Beim Kostenthema nahmen die beiden wohlwollend zur Kenntnis, dass ich in bar zahlen würde. Blieb nur noch die Frage nach dem Operationstermin.

»Da habe ich eine Nachricht, die Sie vielleicht freuen wird«, sagte der ältere Arzt. »Gewöhnlich sind unsere Wartezeiten eher lang, aber gerade hat es überraschend eine kurzfristige Absage aus privaten Gründen gegeben. Wenn Sie möchten, können Sie den Termin gleich nächste Woche haben.«

Das ging ziemlich schnell. Ich war auf einen Monat Wartezeit eingestellt gewesen. Ich hatte mir bereits Pläne zurechtgelegt, wie ich Intimitäten mit Tatjana weiter hinauszögern konnte. Das war jetzt offenbar hinfällig. Am besten meldete ich mich wohl daheim krank und hauste bis zur OP in der fremden deutschen Stadt im Wohnwagen.

»Gut«, sagte ich. »Ich nehme den Termin. Je früher, desto besser.«

Ich schlief ziemlich schlecht in dieser Nacht. Ich träumte von einem doppelten Gesicht mit zwei Mündern. Einer gehörte Sabine und einer Tatjana. Beide redeten über meinen neuen Schwanz. Weil sie es gleichzeitig taten, verstand ich kein Wort. Auf einmal war nur noch Tatjana allein da, doch jetzt redete sie nicht mehr. Stattdessen schluchzte sie haltlos. So hatte ich sie noch nie gesehen. Schweißgebadet erwachte ich. Ich verließ den Wohnwagen für einen Morgenspaziergang.

34

In der winterlichen Morgenstimmung der fremden Stadt kam mir mein ganzes Leben wie ein seltsamer Traum vor. Ich war an einem Wendepunkt, bloß kannte ich die richtige Richtung nicht. Ziellos streunte ich durch die Straßen, die sich mehr und mehr mit Menschen füllten. Hier also sollte mein Schwanz um drei Zentimeter wachsen? Auf einmal kam mir das Ganze so lächerlich vor. 8900 Euro würden auf einen Schlag weg sein, nur damit mein Schwanz etwas weiter aus meinem Körper rutschte.

Ich vermied es, bei meinem Spaziergang in die Nähe der Klinik zu geraten. Was für eine Beziehung würde ich nach der Operation zu meinem Schwanz haben? Das hatte ich die Ärzte zu fragen vergessen. Würde ich danach noch ich sein? Was dachten Frauen, wenn sie sich nach weitreichenden Schönheitsoperationen zum ersten Mal im Spiegel sahen? Waren sie dann noch sie selbst? Oder musste man schon aufgehört haben, man selbst zu sein, um sich so eine Operation überhaupt anzutun.

Ich jedenfalls war trotz all dem Stress mit meinem Schwanz immer noch ich. Seit ich Tatjana kannte, mehr denn je.

Wollte ich das wirklich riskieren? Hatte ich in den vergangenen Wochen überhaupt noch ein Problem mit meinem Schwanz gehabt? Eigentlich nicht. Wäre dieser Termin hier nicht gewesen, hätte ich mir vermutlich keine Gedanken über meinen Schwanz gemacht. Ich hatte nicht mehr wirklich das Gefühl, dass ein paar fehlende Zentimeter zwischen Tatjana und mir stehen könnten. Und wenn, dachte ich, dann wäre es

1 2 3 4 5 6 7 8 9 10 11 12

Mao Zedong ▲ ▲ *ich*

mir auch egal. Das Schicksal hatte mich in eine Situation manövriert, in der ich mich eins mit mir fühlen konnte.

Regel Nummer fünf lautet:

5.
Ein Mann, der eins mit sich selbst ist,
ist auch eins mit seinem Schwanz.

Oder bekam ich einfach nur kalte Füße vor der Operation? Ich stellte mir vor, wie ich entspannt mit Tatjana übers Wochenende wegfuhr, ohne Angst vor dem Augenblick haben zu müssen, in dem sie liebevoll meine intimeren Teile erforschen würde.

Allerdings war das mit dieser Angst auch gar nicht mehr so schlimm, wie ich es mir oft einredete. Ich hatte zwar mit einer Notlüge den Wochenendausflug verschoben. Aber eigentlich nur, weil ich genau gewusst hatte, dass der Besprechungstermin in der Klinik schon so nah war. Und bei den romantischen Rendezvous hatte ich mich eher aus Gewohnheit als aus Angst immer wieder bereits früh am Abend verabschiedet.

Unwillkürlich war ich vor einer Auslage stehengeblieben. Darin standen gebrauchte Motorräder. Ganz vorne befand sich eine Suzuki GSX750. Das war genau die Maschine, von der Tatjana geredet hatte. Irgendetwas wollte mir das Schicksal damit sagen, ich wusste bloß nicht genau, was. Noch immer zögernd ging ich zurück zum Wohnwagen.

Dort fiel es mir ein. Bei aller Ernsthaftigkeit machten die Ärzte in der Klinik einen Fehler. Sie sollten nicht nur kontrollieren, ob die Kürze eines Schwanzes eine Operation überhaupt rechtfertigte. Sie sollten auch kontrollieren, ob ein Patient überhaupt unter ausreichend hohem Leidensdruck dafür stand.

Mein Leidensdruck war doch ziemlich bescheiden in letzter Zeit, besonders seit ich meinen Job angetreten und Tatjana kennengelernt hatte. Ich hatte eher aus Gewohnheit gelitten. Mein Leben würde ab jetzt tatsächlich besser werden, nur auf eine andere Art, als ich es geplant hatte. Ich fing ein bisschen zu zittern an bei diesem Gedanken.

Ich fragte mich, was ich als Nächstes tun sollte. Schließlich beschloss ich, mit dem Wichtigsten anzufangen. Ich stieg in den Wagen und fuhr am Heimweg über Wien. Dort riss ich das Geldkuvert auf, kaufte mir eine gebrauchte Suzuki GSX 750, räumte sie in den Wohnwagen und fuhr wie in einem Siegeszug heim nach Hainfeld.

Regel Nummer sechs, dachte ich, ist die entscheidende:

6.

Ist ein Mann zufrieden mit seinem Schwanz,
hinterfragt keine Frau dessen Länge.

35

Als ich Tatjana nach meiner Rückkehr in die Arme schloss, dachte ich an eine Belehrung auf der Homepage der Klinik. Gemeinhin hieß es, dass der empfindliche Teil der Vagina nicht tiefer als sieben Zentimeter ist und dass deshalb ein kleiner Penis völlig ausreicht. Die Betreiber der Klinik, die ihre Operationen verkaufen wollten, argumentierten anders. Die Nerven in der Vagina würden dann am besten stimuliert, wenn sie langem gleitenden Druck ausgesetzt wären. Weshalb Männer mit einem großen Schwanz sexuell im Vorteil seien.

Ich hatte eine letzte Gnadenfrist. Die Weihnachtsfeiertage verbrachten Tatjana und ich getrennt. Sie war bei ihrer Familie und ich zum Teil bei meiner und zum Teil mit Johanna und Fabian bei Johannas Familie. Dort saß ich in Anzug und Krawatte unterm Weihnachtsbaum, den ebenfalls piekfein herausgeputzten Fabian am Schoß, und kam mir zum ersten Mal in meinem Leben wie ein Familienvater vor. Es passte. Johanna förderte meine Beziehung zu Fabian und akzeptierte, dass ich mit ihr keine Beziehung aufbauen wollte. Sie wirkte gut gelaunt und glücklich. Vielleicht hatte sie auch jemanden kennengelernt. Johannas Eltern waren weniger locker. Sie behandelten mich konsequent wie einen Schwiegersohn. Sie machten Anspielungen von wegen Heiraten, was sowohl mir als auch Johanna die Schamesröte ins Gesicht trieb. Ich ließ es über mich ergehen und hing indessen meinen eigenen Gedanken nach. Beim Karpfen mit Kartoffelsalat zum Beispiel dachte ich darüber nach, dass es Vorlieben für alles gab. Manche Frauen standen auf Hünen, manche auf kleine drahtige Typen, manche standen auf viel ältere Typen und andere ließen sich auspeitschen oder kratzen, wieder andere wollten den Mann erniedrigen. Vielleicht, dachte ich, gibt es auch Frauen mit einer eindeutigen Vorliebe für kleine Schwänze. Ich kannte keine. Aber es war doch alles möglich. Vielleicht mochte Johanna zum Beispiel kleine Schwänze? Sie war in jener Nacht nicht halb so betrunken gewesen wie ich und musste sich noch erinnern, wie klein mein Schwanz war. Trotzdem hatte sie vorgeschlagen, dass wir gemeinsam lebten, als Mann und Frau. Vielleicht gerade deshalb? Ich betrachtete ihre Eltern. Ein freundliches Ehepaar, durchaus offen und tolerant, bloß konnten die beiden ihre Elternrolle nicht für das Patchworkkonzept ihrer Tochter adaptieren. Sie wären wahrscheinlich die perfekten Schwiegereltern. Wenn Johanna tatsächlich speziell auf kleine Schwänze steht, dann gibt es auch andere mit so einer Vorliebe, dachte ich. Also könnte ich vielleicht noch als Short Dong Blue Bettkarriere machen.

»Noch Kartoffelsalat?«, fragte Johannas Mutter.

Ich legte die Hände auf meinen Bauch.

»Ich hatte schon mehr davon, als mir gut tut«, sagte ich.

»Er ziert sich nur, dann haut er doch rein«, sagte Johanna.

Ihr Vater zwinkerte mir zu.

Ich war froh, als ich heimkam und selbst Kind sein durfte. Das Geschenk meiner Großmutter packte ich als Erstes aus, um noch mit unverbrauchter Energie Freude mimen zu können. Es war ein Buch. Ich traute meinen Augen nicht.

»Was ist das?«, fragte ich.

Mein Vater sah mir über die Schultern.

»Das Kamasutra mit farbigen Abbildungen«, sagte er.

Er tat so, als wäre das die normalste Sache der Welt. Ich wagte nicht, meine Großmutter anzusehen.

»Weil du jetzt schon so ein großer Bub bist …«, sagte meine Großmutter fröhlich.

Meine Mutter bemerkte meine Verstörung.

»Er weiß doch schon, wie das geht, er hat doch einen Sohn«, sagte sie.

Meine Großmutter zwinkerte mir zu.

»Darüber kann man nie genug wissen«, sagte sie.

Rasch legte ich das Kamasutra zur Seite und packte das nächste Geschenk aus. Doch später in der Nacht nahm ich das Buch wieder zur Hand. Die Penisgröße war auch ein Thema darin. Hatte meine Großmutter alles mitbekommen und mir das Buch gerade deshalb geschenkt? Hatte sie sich womöglich schon damals, als ich als Bub nackt herumgelaufen war, gedacht: Das wird nichts oder zumindest nichts Richtiges?

Das Kamasutra pflegte einen nüchternen Umgang mit kleinen Schwänzen. Es empfahl eine Stellung, für die so ein Mann besonders prädestiniert war, weil ein großer Schwanz der Frau dabei Schmerzen verursacht hätte. Es ist eine Variante der Missionarsstellung, bei der sich der Mann die Unterschenkel der Frau gegen die Schultern lehnt. Dabei wird der Gebärmuttermund etwas nach vorne gedrückt und die Scheide also verkürzt. Auch beim Analverkehr sei ein kleiner Penis von Vorteil, hieß es in dem weisen Liebesratgeber. Wenn es Frauen gibt, die kleine Schwänze bevorzugen, sind sie vielleicht analfixiert. Vielleicht könnte ich mich auf Analsex spezialisieren?

Auf einmal musste ich lachen. Ich verstieg mich. Ich hatte mich so daran gewöhnt, über meine Schwanzlänge nachzugrübeln, dass ich gar nicht mehr damit aufhören konnte. Dabei ging mir in Wirklichkeit nur eine Sache durch den Kopf: Ich wollte mit Tatjana schlafen. Worauf wartete ich die ganze Zeit?

36

Klopfzeichen vom Nebenbett am Bahnhof. Als Kind hatte ich mir nie vorstellen können, wie Buschtrommeln funktionierten. Inzwischen wusste ich, dass sich mit wenigen Lauten komplexere Nachrichten übertragen ließen als via E-Mail.

»Ich habe Angst vor der Dunkelheit«, sagte Tatjana mit ihren Zeichen.

Ich wusste, was das bedeutete. Genug miteinander gelacht. Genug geträumt und geschwärmt. Genug wie zufällig berührt. Genug vertraut miteinander geworden. Genug geküsst und Händchen gehalten. Genug Petting gemacht.

Es war Zeit.

Ihre Unterwäsche sah reizvoll aus.

»Mach die Tür zu«, sagte Tatjana.

Mit einem Kuss zog sie mich aufs Bett.

Es gab nichts, worüber ich nachdenken musste. Wir waren eben wir und alles ging von selbst. Nachzudenken fing ich erst an, als wir etwas später zum zweiten Mal miteinander schliefen. Da versuchte ich mich an die Empfehlungen des Kamasutras zu erinnern. Tatjanas Laute bestätigten mir, dass ich mich für die richtigen Kapitel entschieden hatte.

»Pst«, sagte ich.

Ich wollte nicht, dass uns einer von den anderen Kollegen in den Nachbarzimmern hörte. Blöde Kommentare am nächsten Tag mussten nicht unbedingt sein.

»Pst.«

Am Morgen hatten sich all die dunklen Wolken, die so lange an meinem Lebenshimmel gestanden waren, zu kleinen weißen Schäfchen aufgelöst. Wir hatten in der Nacht kaum ein Auge zugemacht. Umso schöner war es, als wir am Morgen noch Zeit fanden, Kaffee miteinander zu trinken. Wir lächelten uns an und wussten beide, dass es kein One-Night-Stand gewesen war. Wir ahnten aber auch beide, dass wir nicht die große Liebe füreinander waren.

Ich wusste nicht genau, was ich für sie war. Sie war für mich die Frau, die mir geholfen hatte, meine Dämonen zu vertreiben, die ich so lange genährt und am Leben gehalten hatte. Ich empfand Dankbarkeit, Respekt wie für jemandem, den einem der Himmel geschickt hat, und ja, ich hatte natürlich noch immer zärtliche Gefühle für sie.

»Ich hatte furchtbare Angst, mit dir zu schlafen«, sagte ich.

»Ehrlich?«

»Ich dachte, du würdest meinen Schwanz vielleicht zu klein finden.«

»Soll ich dir was sagen?«

»Ja.«

»Ich hatte schon ein bisschen mehr Liebhaber, als ich zugegeben habe.«

Ich lachte.

»Keiner war so ein guter Liebhaber wie du.«

»Ehrlich?«

»Bei einigen bin ich schon gekommen. Irgendwie. Aber bei keinem so wie gestern Nacht.«

37

Im Frühling machte ich mit Jakob und meinem Vater eine Wanderung auf die Rax. Ich war so fit wie schon lange nicht mehr. Ich spurtete voran und die beiden folgten mir mit hängenden Zungen.

An einer Weggabelung traten zwei Frauen in mein Blickfeld, deren helle Stimmen ich schon eine Weile zuvor gehört hatte. Ich wartete, damit Jakob und mein Vater aufschließen konnten.

Als die beiden Frauen näherkamen, erkannte ich zuerst Sabine und gleich darauf ihre Mutter.

»Hallo«, sagte ich.

»Hallo Stefan«, sagte Sabines Mutter. »Dich habe ich ja schon ewig nicht mehr gesehen. Gut siehst du aus, so schlank.«

»Sie sehen auch mit jedem Tag jünger aus«, sagte ich.

Sabine wirkte schüchtern.

»Hallo Stefan«, sagte sie.

Laszív legte sie den Kopf zur Seite.

Vor ein paar Monaten noch hätte mich allein diese Geste um den Verstand gebracht.

Wir redeten belangloses Zeug, bis Jakob und mein Vater zu uns stießen.

»Wie geht es dir mit deinem Freund?«, fragte ich Sabine, während die anderen drei in ein Gespräch über die Wanderwege auf der Rax und am Schneeberg vertieft waren.

Sie war sichtlich überrascht über meine offene Frage.

»Gut, danke. Und du? Bist du glücklich?«

»Ich habe seit ein paar Monaten eine Freundin.«

Das stimmte im Prinzip. Auch wenn »ein paar Monate« nach etwas mehr als den zehn Wochen klang, die es tatsächlich waren. Auch vermittelte das Wort »Freundin« bei Sabine vermutlich ein Bild, das der Realität nicht ganz entsprach. Tatjana und ich mochten uns und wir hatten Spaß miteinander.

»Ist sie nett?«, fragte Sabine.

»Sehr.«

»Hübsch?«

»Sehr hübsch.«

Ich lächelte sie an. Ich spürte, dass in meinem Lächeln die Glückseligkeit dieser einen ersten befreienden Nacht mit Tatjana lag. Ich war nicht sicher, aber ich glaubte, dass meine Augen ein bisschen feucht wurden. Sabine schien nicht ganz so begeistert über mein neues Glück zu sein. Ich war erstaunt, dass das keine Gefühle in mir auslöste.

»Wir müssen weiter«, sagte Sabines Mutter. »Sonst wird es zu spät.«

»Bis irgendwann«, sagte Sabine zu mir.

»Bis irgendwann.«

Wir gingen weiter.

»Eine nette Frau«, sagte mein Vater, als wir ein paar Schritte entfernt waren. »Und die Tochter war auch sehr sympathisch. Du warst doch recht lang zusammen mit ihr, nicht wahr?«

»Ja schon«, sagte ich, »aber das ist schon lange her.«

Die Sonne stand hoch über der Rax und das Grün der Wälder auf den Hängen leuchtete frisch. Ich freute mich auf Tatjana, die ich am nächsten Tag wiedersehen sollte.

Von jetzt an würde es mit den Frauen und mir funktionieren. Die Dämonen würden nicht mehr in mein Leben zurückkehren, vielleicht andere, aber diese nicht mehr. Denn ich hatte ein wichtiges Prinzip verstanden, und das konnte mir keiner mehr nehmen.

Die wichtigste Regel im Leben eines Menschen ist die Regel Nummer sieben:

7.

Wer glücklich werden will, muss lernen,
sich so zu akzeptieren, wie er ist.

Epilog

»Das kann doch wohl nur ein Witz sein, oder?«

Der Chef des großen Wiener Luxusbordells sah mich an und schüttelte den Kopf. Er hatte meinen Anruf und unseren Termin offenbar vergessen.

Pünktlich zum vereinbarten Zeitpunkt hatte ich an der goldenen Klingel neben der grünen Tür geläutet und war, vorbei an einem Spalier adretter Damen und einer ausgestopften Gazelle, zu einem Tischchen in einer Art geräumigem Separee geleitet worden. Edler Plüsch umgab uns.

»Wem ist das eigentlich eingefallen?«, fragte er, als ich ihm versichert hatte, dass es kein Witz sei.

Dabei musterte er mich zum ersten Mal eingehender. Vielleicht konnten nicht nur die Prostituierten hier die Schwanzlänge eines Mannes auf den ersten Blick abschätzen, sondern auch ihr Chef. Jedenfalls wirkte er auf einmal milder und ein bisschen mitleidig.

»Auf die Schwanzlänge kommt es ja gar nicht an«, sagte er. »Dachten Sie das?«

»Worauf dann?«

»Es kommt nur darauf an, wie viel Geld Sie haben. Wenn Sie viel haben, können Sie vögeln, wen Sie wollen.«

Er lachte.

Ich schwieg.

»Jetzt haben Sie etwas gelernt, oder? Wann wollen Sie denn Ihre Befragung durchführen?«

Ich hatte einen Laptop dabei mit je sechs Bildern von meiner ganzen Liste berühmter Menschen. Die Liste reichte nun von

Julius Cäsar über Abraham Lincoln bis Charles Darwin und Humphrey Bogart.

»Am besten jetzt gleich«, sagte ich.

Das erwies sich als unmöglich. Der Chef gab mir lieber einen neuen Termin außerhalb der Öffnungszeiten, für den darauffolgenden Donnerstag um fünfzehn Uhr.

Katarina, Klara und Penelope empfingen mich. Ich baute meinen Laptop so auf, dass wir alle vier die Bilder sehen konnten, und klickte mich langsam durch. Katarina war Österreicherin und Klara Tschechin. Beide hatten jahrelang als Prostituierte gearbeitet und schmissen den Laden inzwischen als Geschäftsführerinnen. Sie waren beide ziemlich aufgeweckt und gebildet. Katarina, die eine Ausbildung als Opernsängerin begonnen hatte, ehe sie über das Gastgewerbe ins Rotlichtmilieu gelangt war, brillierte mit bemerkenswertem Wissen. Während ich bei einem undeutlichen Bild Winston Churchill mit Alfred Hitchcock verwechselte, erkannte sie jeden der Männer sofort und stellte ihn unverzüglich in den richtigen historischen Kontext.

»Warum genau willst du die Schwanzlängen von all den Kerlen wissen?«, fragte sie.

»Ich schreibe ein Buch über das Thema«, sagte ich. »Von der Pornoindustrie wird doch ein komplett falsches Bild gezeichnet. Die meisten Männer denken deshalb, dass ihr Schwanz zu kurz ist. Ich will ihnen sagen: Die meisten anderen haben auch keinen viel längeren. Ihr seid in Ordnung, so wie ihr seid.«

Das fanden sie gut. Penelope, die Dritte im Bunde, meinte, dass es Frauen nicht besser ginge. Ihnen würde die Werbung falsche Schönheitsideale vorspielen.

»Irgendwann lässt man sich dann von Schönheitschirurgen verstümmeln«, sagte sie.

»Genau«, sagte ich.

Penelope war Deutsche und noch im operativen Geschäft.

Die drei waren sich bei den meisten Männern ziemlich einig. Eine von ihnen zeigte jeweils mit den Fingern, wie lang sie einen Schwanz einschätzte, dann erfolgte in der Diskussion die Feinabstimmung. Schließlich nahm ich ein Lineal zur Hand und maß die Abstände zwischen den Fingerspitzen der Frauen. Ich maß an den Fingerkuppen, nicht an den Enden der Fingernägel, was im Fall von Penelope einen Unterschied von mindestens zwei Zentimetern pro Mann ausgemacht hätte. Uneinigkeit bestand lediglich in einem Fall, nämlich bei Stan Laurel.

»Bei so einem Typ ist es russisches Roulette«, sagte Penelope. »Der kann gar nichts in der Hose haben oder einen riesigen Prügel.«

Eine Weile führten sie ein Insidergespräch. Sie zogen Vergleiche zu völlig unterschiedlich ausgestatteten Herrn, die sie offenbar alle kannten. »Kein Ergebnis«, vermerkte ich schließlich bei Stan Laurel.

Neben den Längenangaben bewertete meine Jury auch Dicke und Schönheit der betreffenden Schwänze, wobei Adjektive wie »mundgerecht«, »appetitlich«, »verkrümmt« oder einfach »hässlich« fielen. Den Schwanz von Goebbels etwa schätzten die Frauen als »extrem dünn und spitz wie eine Nadel« ein, bei Christoph Kolumbus sprachen sie von einem »Sacherwürstel«, Julius Cäsar attestierten sie eine »gute Passform«, bei Nero orteten sie ein »saftiges Paket« und der Schwanz von Harry Houdini muss ihrer Meinung nach garantiert verbogen gewesen sein. Bei der Gelegenheit erfuhr ich auch, dass es einen Genieschwanz gibt. Genies, meinten die drei, haben kurze Dicke, so wie Pablo Picasso oder Sigmund Freud.

Ich fand es extrem beruhigend, ihnen zuzuhören. Wenn sie bei einem Probanden meinten, der habe einen großen Schönen, dann waren es oft nur vierzehn oder fünfzehn Zentimeter und nicht etwa achtzehn oder zwanzig, wie ich es anfangs erwartet hatte. Auf zwanzig schaffte es nur Abraham Lincoln, und auch der war nicht unbedingt zu beneiden. Seiner sei ausgesprochen dünn gewesen, meinten die Frauen.

Als ich etwas mutiger wurde, stellte ich die drei auf die Probe.

»Wie lang ist meiner?«

Ich stand auf, ging auf und ab und zeigte meine Hände.

»Ungefähr elf«, sagte Klara.

»Elf bis zwölf«, sagte Katarina.

»Zwölf«, sagte Penelope.

Penelope war die Höflichste von allen. Als ich sagte, dass mein Buch »Elf Zentimeter« heißen würde, nickte sie allerdings, als hätte sie es ohnedies gewusst.

»Woran erkennt ihr das eigentlich?«, fragte ich.

»An allem«, sagte Penelope.

»Am Gesamteindruck«, sagte Klara.

»Am Wesen eines Mannes«, sagte Katarina.

Mit elf Zentimetern war ich jedenfalls in bester Gesellschaft. Auch Napoleon, Picasso, Hitchcock und Dickens hatten ihr Liebesleben mit dieser Länge bestritten. Selbst Casanova war laut meiner Expertinnenjury nicht über dreizehn Zentimeter hinaus gekommen. Kaiser Franz Josef hatte nur neun Zentimeter und Charlie Chaplin, bekanntlich ein Frauenheld, überhaupt nur sieben. Prädikat: dünn.

Jury-Ergebnis

Albert Einstein	*7,0*
Charlie Chaplin	*7,0*
Oliver Hardy	*7,0*
Stan Laurel	*kein Ergebnis*
Mao Zedong	*8,0*
Adolf Hitler	*8,5*
Joseph Goebbels	*8,5*
Kaiser Franz Josef	*9,0*
Wolfgang A. Mozart	*9,0*
Michael Jackson	*10,0*
Sigmund Freud	*10,0*
Walt Disney	*10,0*
Alfred Hitchcock	*11,0*
Charles Dickens	*11,0*
Napoleon Bonaparte	*11,0*
Pablo Picasso	*11,0*
Ludwig v. Beethoven	*12,0*
J. W. von Goethe	*12,0*
Karl Marx	*12,0*
Kurt Cobain	*12,0*
Leonardo da Vinci	*12,0*
Giacomo Casanova	*13,0*
Gianni Versace	*13,0*
Groucho Marx	*13,0*
James Dean	*13,0*
Ludwig XIV.	*13,0*
Oscar Wilde	*13,0*
Che Guevara	*13,5*
Winston Churchill	*13,5*
Charles Darwin	*14,0*
Frank Sinatra	*14,0*
John F. Kennedy	*14,0*
Benito Mussolini	*14,0*
Nero	*14,0*
William Shakespeare	*14,0*
Isaac Newton	*14,0*
Ernest Hemingway	*14,5*
John Wayne	*14,5*
Richard Nixon	*14,5*
Harry Houdini	*15,0*
Charles Manson	*16,0*
Christoph Kolumbus	*16,0*
Elvis Presley	*17,0*
Julius Cäsar	*17,0*
Martin Luther King	*17,0*
Humphrey Bogart	*18,0*
Serge Gainsbourg	*19,0*
Abraham Lincoln	*20,0*

Das Ergebnis beruht auf subjektiven Einschätzungen der Jury. Es gibt keine erwiesene und medizinisch anerkannte Methode, um die Penislänge aufgrund von körperlichen Merkmalen wie Nasengröße, Fuß- und Handlänge sowie Körperbau festzustellen.